UNION FAIT LA FORCE

ADOLPHE SIRET

GODEFROID

DE

BOUILLON

TOURNAI,

H. CASTERMAN, EDITEUR.

GODEFROID DE BOUILLON.

ANDRÉ VÉSALE.

RÉCITS HISTORIQUES BELGES.

Faits principaux de l'Histoire ancienne et moderne de la Belgique;
Biographie des hommes célèbres et utiles ; Histoire des villes, villages,
abbayes, châteaux, monuments, lieux célèbres, etc. ;
commerce, industrie, beaux-arts, lettres, sciences, etc.; traditions
et légendes; mœurs, usages, fêtes, aspects, etc. ;

Par ADOLPHE SIRET
Membre correspondant de l'Académie royale de Belgique.

OUVRAGE RÉCOMPENSÉ PAR LE GOUVERNEMENT.

DU MÊME AUTEUR :

GODEFROID DE BOUILLON, ANDRÉ VÉSALE; beau vol.
in-12, 120 p. papier fort, 2 sujets gravés.

RUBENS. LE CHANOINE TRIEST. LOUISE D'ORLÉANS ; beau
vol. in-12, 120 p. papier fort, 2 sujets gravés.

COTES MARITIMES DES FLANDRES ; par ED. CROISSANT;
beau vol. in-12, 120 p. papier fort, sujet gravé.

Statue de Godfroid de Bouillon.

GODEFROID

DE BOUILLON

ANDRÉ VÉSALE

Par ADOLPHE SIRET,

Membre correspondant de l'Académie royale de Belgique, auteur
des récits historiques belges.

DEUXIÈME ÉDITION

———— ❧ ————

PARIS   LEIPZIG

LIBRAIRIE DE P.-M. LAROCHE,   L.-A. KITTLER, COMMISSIONNAIRE,

Rue Bonaparte. 66.   Querstrasse, 34.

H. CASTERMAN

TOURNAI

1865

PRÉFACE.

En relisant ces pages destinées à mes
enfants, il me vint à la pensée qu'elles
pourraient être utiles à mes jeunes compatriotes. Tout ce qui peut contribuer
au développement des idées nationales,
à la connaissance des vertus et de la
gloire de nos ancêtres, m'a constamment
attiré; c'est à de pareils travaux qu'il me
paraît noble et utile de consacrer sa
plume, d'autant plus que notre sol, riche
sous tous les rapports, fournit tant de
modèles à suivre. Je me suis tracé pour
règle de conduite de puiser mes inspira-

tions dans le trésor national, et en fouil-
lant dans nos précieuses annales, je me
suis convaincu que la mine est des plus
riches et bien digne d'être exploitée.

Je crois qu'il faut surtout s'adresser à
la première jeunesse pour le genre de
travail que je voudrais voir plus répan-
du. Il faut que nos grands noms devien-
nent familiers à nos enfants, et, pour y
parvenir, les grands livres d'histoire ne
suffisent pas. Il me semble que, sans dé-
naturer l'histoire, sans commettre d'ana-
chronisme, en conservant scrupuleuse-
ment les faits principaux, les dates, les
caractères, il faudrait entourer ce tableau, souvent aride, d'un cadre gracieux
qui le rendît attrayant pour la jeunesse
tout comme on entoure de miel la potion
amère qui doit rendre la santé.

Mes souvenirs d'écolier ne sont pas
encore assez éloignés pour ne pas savoir
que ce titre seul : *Histoire de la Belgique*,
suffisait pour me faire renvoyer cette
lecture aux heures de l'étude; puis, lors-

qu'il arrivait que j'en parcourais quelques feuilles, ces pages, sèches pour un enfant, même pour un homme, me fatiguaient vite, et je reprenais avec ardeur le livre où je trouvais retracés les exploits, les aventures, les vertus des héros anciens et modernes. Mais là j'avais beau chercher des noms belges : personne, hélas! n'avait songé à eux. Pourtant je sentais déjà l'orgueil national s'éveiller en moi, et j'aurais été fier et heureux de trouver à côté des héros grecs et romains, à côté des Bayard et des Duguesclin, quelques-uns de nos vaillants et braves aïeux, laissés dans l'ombre par les auteurs que j'avais sous les yeux.

Cette réflexion de mon enfance m'est restée; elle s'est développée avec l'âge, et elle m'a conduit à faire aujourd'hui, pour les grands noms de la Belgique, ce qu'on a fait pour ceux de tant d'autres pays. Me rappelant, par expérience personnelle, qu'on ne se fait lire de la jeunesse qu'à condition d'être amusant, j'ai fait mon possible pour parvenir à ce but, et, cachant l'histoire sous des épisodes nés de l'imagination, j'ai travaillé avec le constant espoir d'instruire tout en excitant l'intérêt de mes jeunes lecteurs.

Telle est la voie que j'ai voulu suivre : le public décidera si j'ai réussi.

Peut-être un jour, si la réponse est affirmative, continuerai-je cette galerie de Belges illustres et célèbres à différents titres, car, je l'ai dit et je le répète, le champ est vaste et la récolte est assez abondante pour occuper beaucoup de moissonneurs

GODEFROID DE BOUILLON

————⁂————

I

Un peu au delà du village de Baisy, aux
bords de la rivière la Dyle, non loin de Ge-
nappe, s'élevait en 1076 un château dont on
voyait encore les restes à la fin du XVIII
siècle. Des plaines richement cultivées l'entouraient; les bois étaient bien entretenus;
les chaumières qui l'environnaient avaient
un aspect riant et propre ; les serfs qui en dépendaient semblaient heureux et à l'abri de
la pauvreté. C'est que les maîtres de ce château étaient les anges tutélaires du pays. La
comtesse Ida, fille de Godefroid le Courageux, duc de Lorraine, et veuve d'Eudes,
comte de Boulogne et de Lens, était une de
ces femmes nobles et saintes, qui, à toutes les
époques, sont comme des envoyées du ciel,

venues pour consoler et secourir ceux qui
souffrent ; son fils, le jeune Godefroid, alors
âgé de seize ans, avait hérité de toutes les
vertus de sa mère et y joignait tout ce qui
annonce les héros. Avec de semblables seigneurs, les vassaux se considéraient comme
les plus heureux des hommes ; et ils rendaient
en amour à leurs maîtres ce qu'ils en recevaient en protection et en générosité.

On était au mois de février : le soleil,
encore rare, avait parfois peine à percer les
épais brouillards de la saison. Ce jour-là, le
manoir de Baisy était plus calme que de
coutume, il semblait presque inhabité ; pourtant, dans une haute et vaste chambre de
l'étage étaient rassemblées plusieurs personnes. Sur un siége élevé était assise une
femme, belle encore, dont l'âme éclairait le
visage de nobles reflets ; elle était entourée
de cinq ou six jeunes filles occupées comme
elle à des travaux d'aiguille. C'étaient la
comtesse Ida et ses femmes. La fenêtre à
côté de laquelle la comtesse Ida était assise
et vers laquelle elle tournait souvent les
yeux, donnait sur une immense avenue ; le
jour commençait à baisser et un peu d'inquiétude se montrait sur les traits d'Ida. Les
jeunes filles s'en aperçurent vite, car elles

étaient habituées à lire sur la physionomie de leur maîtresse, afin de prévenir les moindres désirs de celle qui les considérait comme ses enfants.

— Oh! madame, dit Berthe, la plus jeune du groupe, l'heure du retour est à peine sonnée, et il faut si peu de chose pour causer du retard dans la chasse.

Ida sourit d'avoir été si bien devinée et remercia du regard la jeune Berthe. Celle-ci, encouragée, reprit :

— Vous rappelez-vous ce beau cerf qui fatigua tant les chasseurs et les chiens, qui montra tant de force et de courage que le soir vint sans qu'il eût été atteint; qui sait si ce n'est pas encore ce vaillant animal que notre jeune sire Godefroid a rencontré?

— Ma fille Berthe oublie, dit doucement Ida, que l'on n'allait point chasser le cerf aujourd'hui, mais bien ces cruels sangliers, causes de tant de dommages pour nos fermiers et que mon fils veut poursuivre à outrance. Rassurez-vous d'ailleurs; mon inquiétude est légère et ma raison ne l'écoute point. La vie et la mort sont entre les mains de Dieu, et votre seigneur est aussi prudent qu'adroit et courageux. Mais, ajouta-t-elle après un moment de silence, notre tâche est achevée aujourd'hui ; voilà des langes et des vêtements d'enfant, épais et chauds, qui vont rendre nos pauvres mères bien heureuses ; demain, Berthe, vous les rassemblerez et nous les porterons ensemble là où nous les avons promis.

A peine Ida avait-elle achevé ces mots, que la jeune Berthe laissa échapper une exclamation joyeuse en montrant de la main l'avenue du château. Un nuage de poussière empêchait de bien distinguer les objets : pourtant on apercevait déjà des groupes de chiens tenus en laisse par des valets, quelques cavaliers dont les chevaux plus fougueux dépassaient leurs compagnons. Un joyeux bruit de fanfares, d'aboiements, de cris de triomphe, se rapprocha sensiblement, et, en peu d'instants, la chasse tout entière passa le pont-levis et se trouva dans l'immense cour du manoir. Plusieurs jeunes seigneurs se jetèrent à bas de leurs chevaux et montèrent ensemble le perron hospitalier du château de Baisy. Après avoir réparé le désordre de leurs vêtements, ils furent introduits dans une grande salle décorée de faisceaux d'armes et d'attributs de chasse ; là, les attendait un souper abondant présidé par la noble Ida elle-même. Au milieu des jeunes seigneurs qui s'avancèrent respectueusement vers la comtesse, on remarquait un jeune homme de seize ans, d'une taille moyenne, au visage grave et agréable, au front doux et sérieux ; ses mouvements annonçaient la souplesse et la force ; ses manières étaient pleines de retenue. Son regard énergique et brillant devint humble et soumis en s'approchant d'Ida, devant laquelle il plia le genou et dont il embrassa la main avec autant de tendresse que de respect.

— Béni soit Dieu qui vous renvoie sain et sauf auprès de moi, mon cher fils, dit la comtesse en embrassant au front le jeune Godefroid, car c'était lui dont nous venons d'esquisser le portrait.

L'éducation du jeune prince avait été parfaitement dirigée par Ida ; les exercices du corps avaient de bonne heure développé ses forces ; toutes les armes en usage à cette époque lui étaient familières ; son adresse était merveilleuse, son courage proverbial ; aucun danger ne l'effrayait, et, chose bien rare à cet âge, il joignait à cette valeur la prudence de l'homme mûr. La piété la plus vraie, la foi la plus vive, lui faisaient rapporter toutes ses actions à Dieu et le remplissaient de zèle pour le bien de la religion ;

les sciences, la connaissance des langues, n'avaient point été négligées ; enfin, le jeune Godefroid était l'orgueil de sa mère, l'idole de ses vassaux et l'admiration de la noblesse, dont l'envie se taisait devant la modestie du prince.

Après ces parties de chasse qui formaient un des amusements favoris de l'époque, les amis de Godefroid avaient l'habitude de se réunir à la table de la comtesse. Ce n'étaient point, comme il arrivait trop souvent ailleurs, des orgies où l'ivresse causait tous les genres de scandales. — Godefroid ne choisissait ses amis que parmi les seigneurs dignes de lui ; Ida assistait à ces repas, et sa présence, sans bannir la gaieté et l'entrain de cette vive jeunesse, suffisait pour faire régner parmi elle la plus stricte retenue. La comtesse, son fils et leurs hôtes se placèrent au haut bout de la table : à l'extrémité opposée s'assirent les serviteurs du château, ainsi qu'il était d'usage alors. Le chapelain, vieillard vénérable, prononça le bénédicité que l'on écouta debout et la tête découverte ; puis les jeunes chasseurs s'apprêtèrent à réparer joyeusement leurs forces affaiblies par une journée de fatigues. Quand la première faim fut un peu apaisée, les voix, jusqu'alors

silencieuses, commencèrent à se faire entendre. A la question de la comtesse, si la chasse
avait été heureuse, tous les regards se tour-
nèrent vers Godefroid.

— Oui, ma mère, répondit ce dernier, nous
avons forcé trois sangliers dont l'un était
connu depuis plusieurs années et avait fait
beaucoup de mal dans le pays.

— C'est-à-dire, exclama le jeune Henri de
la Hache, le meilleur ami du prince, c'est-à-
dire que, comme toujours, l'honneur de la
journée a été pour Godefroid. Oui, tu as beau
rougir et me regarder, je ne me tairai pas.
Le premier et le second sanglier se laissèrent
vaincre assez facilement ; j'y aidai quelque
peu, car Godefroid n'était pas présent : il
suivait la piste d'une énorme bête que l'on
avait vue dans un fourré assez éloigné. Nous
le rejoignîmes. Nous arrivâmes bientôt à voir
onduler les broussailles sur le passage de la
bête, et enfin nous en approchâmes assez
pour la reconnaître. C'était un vieux sanglier
de la plus grande espèce, connu depuis longtemps par les veneurs pour avoir éventré
bien des chiens, par les paysans pour avoir
ravagé bien des terres, redouté même par les
plus vieux chasseurs qui se rappelaient la
mort cruelle de deux d'entre eux, causée par

cet animal redoutable. Nous nous apprêtions
à le poursuivre de concert, quand Godefroid,
d'un signe, nous pria de lui laisser seul le
soin de triompher du vieux sanglier. Tous
deux disparurent en un instant à nos yeux.
Après une attente assez longue, l'inquiétude
nous prit, et nous nous mîmes à la recherche
de notre ami ; bientôt il nous parut entendre
le bruit d'une lutte. En effet, au tournant
d'un chemin, nous aperçûmes de loin Godefroid descendu de cheval et luttant avec le
sanglier. Nous allions nous précipiter pour
lui porter secours, quand il vint à nous calme
et nous montrant de la main le sanglier agité
de quelques dernières convulsions. Voilà,
madame, l'exemple de force et de bravoure
que mon noble ami nous a donné aujour-
d'hui. Les paysans accourus ont voulu le
porter en triomphe, et il a dû prendre son
front sévère pour les y faire renoncer.

Pendant ce récit, Ida avait pâli plus d'une
fois ; pourtant, mère vraiment digne des
temps antiques, elle répondit :

— Godefroid a bien fait ; puisque Dieu lui
a donné la force, il faut qu'il l'emploie utilement, et c'est l'employer utilement que de
délivrer les terres de ses vassaux de ces animaux malfaisants. Allons, nous aurons une

belle prouesse à raconter à mon frère Godefroid de Lorraine quand il reviendra de la
guerre. Oui, mon fils, ton excellent, ton valeureux oncle et tuteur sera fier et content
de toi.

Godefroid, dont la modestie était une des
plus belles qualités, ne releva aucun de ces
éloges et se hâta de détourner la conversa-
tion en s'informant si l'on n'avait pas eu de
nouvelles récentes sur la guerre que le duc de
Lorraine soutenait contre Robert le Frison.
Personne n'avait reçu de message : on savait
seulement que Godefroid le Bossu devait en
ce moment se trouver à Anvers. Le repas
s'acheva gaiement, et, peu d'heures après, Ida
et Godefroid se retrouvèrent seuls au manoir,
leurs hôtes ayant regagné chacun leur de-
meure, toutes situées à peu de distance du
château de Baisy.

Le lendemain était une de ces journées
tristes et froides où le brouillard que le soleil
n'a pas eu assez de force pour dissiper, commence d'abord à tomber en poussière humide
et se change ensuite en pluie fine et serrée.
Tout portait à la tristesse, et la sage Ida elle-
même subissait l'influence de ces heures de
mélancolie. Elle s'en revenait, simplement
et austèrement vêtue comme à son ordinaire,

de visiter ses pauvres et ses malades, lorsque, parvenue non loin du château, elle entendit derrière elle le galop précipité d'un cheval; le cavalier la dépassa sans la reconnaître, et elle le vit de loin entrer dans l'intérieur du manoir. C'était un écuyer couvert d'une armure comme en temps de guerre; le cheval paraissait avoir fourni une longue course : ses naseaux fumants et ses pieds couverts de boue l'annonçaient. Le cavalier avait la visière de son casque abaissée, et je ne sais quelle impression triste causait son allure inquiète et sombre. Ida et Berthe qui l'accompagnait, pressèrent le pas, agitées de pressentiments sinistres. Que devint la pauvre comtesse lorsque, en rentrant au château, elle vit venir à elle son fils, pâle, les traits bouleversés, et, à ses côtés, le cavalier dont cette fois le casque était relevé et en qui elle reconnut le fidèle écuyer de son frère bien-aimé Godefroid, duc de Lotharingie. Au désespoir qu'elle vit empreint sur la physionomie de ces deux hommes, elle comprit qu'un affreux malheur venait de les frapper. Un moment éperdue, elle sentit son cœur faiblir; mais elle leva les yeux au ciel où elle avait habitude de chercher sa force. Dieu vint à son aide : ses regards rencontrèrent la belle et noble tête de son fils ; elle comprit que là serait sa consolation. Ses traits recouvrèrent leur sévérité, et elle prit la parole la première.

— Vous venez m'annoncer la mort de mon frère, brave Roland ; vous baissez la tête sans répondre. Oh ! je l'ai compris aussitôt que j'ai vu les traits pâles de mon fils et votre désespoir à tous deux. Voilà Godefroid orphelin pour la seconde fois, car son oncle a été pour lui le meilleur des pères ; c'est un solide appui en ce monde que Dieu me prend. Seigneur, l'enfant est encore bien jeune pour se défendre, car, je le sens, il aura à se défendre ; mais vous êtes grand, vous êtes le protecteur de la veuve et de l'orphelin ; vous déjouerez les trames de ses ennemis, vous aurez pitié de sa jeunesse. Que votre volonté soit faite, et bénie soit la main qui nous frappe. Et vous, mon fils, vous être maintenant le chef d'une noble maison, l'héritier d'un grand courage et d'un honneur sans tache. Elevez-vous au-dessus de votre âge ; de nouveaux devoirs vous attendent : vous avez seize ans, mais vous avez le cœur d'un homme ; ayez-en la prudence et la vertu. Godefroid, vous restez seul à votre mère.

A ces mots, la nature, un moment vaincue

par la grandeur d'âme, reprit ses droits, et
un torrent de larmes inonda le visage de
la malheureuse Ida. Godefroid se précipita à
ses genoux, les couvrit de baisers, mêla ses
pleurs à ceux de sa mère, et lui promit devant Dieu et par la mémoire de son père et
de son oncle, d'être digne d'eux et de les rem-
placer pour elle sur la terre.

Lorsque cette première explosion de douleur fut un peu calmée, la comtesse reprit
son empire sur elle-même ; elle renferma ses
larmes en son cœur, et se tournant vers le
brave écuyer qui, lui aussi, avait senti sa
paupière humide, elle lui dit :

— Maintenant, Roland, je veux savoir
comment il a plu à Dieu de nous prendre
mon frère.

— Hélas! madame, répondit l'écuyer, c'est
là ce qu'il y a de plus affreux. Le duc voyait
ses armes couronnées de succès dans la guerre
qu'il soutenait en Flandre ; déjà il espérait
pouvoir conclure bientôt une paix avanta-
geuse, lorsque le poignard d'un infâme
assassin soudoyé, dit-on, par son ennemi, est
venu ravir à ses sujets une existence si chère
et si précieuse.

— Seigneur, que vos jugements sont
parfois terribles ! dit la pauvre comtesse en

pâlissant d'effroi à cette cruelle révélation :
assassiné ! mon frère assassiné !

Puis, soudain, elle se leva.

— Godefroid, dit-elle, faites prévenir le
chapelain ; rendons-nous de ce pas à la chapelle. Que l'on distribue de nouvelles et abondantes aumônes. Les prières et les bonnes
œuvres sont plus profitables aux morts que
d'impuissants et stériles regrets.

Nous laisserons quelque temps cette famille
affligée se livrer à sa légitime douleur, et
nous nous transporterons dans une autre
partie de la Belgique, dans le comté de
Namur.

Les comtes de Namur, à cette époque,
avaient leur résidence à Floreffe, à l'endroit
où fut bâtie plus tard l'abbaye de ce nom.[1]

La position du château des comtes de
Namur est une des plus pittoresques de ce
charmant pays ; il fut construit à l'extrémité
d'un rocher élevé, d'où l'on découvre le cours
capricieux de la Sambre, les coteaux agrestes
et les bois qu'elle traverse. Ce rocher s'avance
en pointe entre deux vallées, toutes deux

(1) Il reste encore de ce vieux château une salle voûtée
où quelques traces de fresques ont résisté à l'action du
temps. Cette salle sert de fondations aux bâtiments modernes du collége.

riantes et poétiques, et, n'importe où le regard s'arrête, il rencontre des points de vue plus enchanteurs les uns que les autres.

Un jour du mois de février 1076, un mouvement inaccoutumé animait la ville de Floreffe, assez considérable à cette époque ; on voyait plusieurs chevaliers se diriger vers le château, passer la poterne et être introduits dans la grande salle des comtes. Nous allons les suivre et nous apprendrons ainsi le motif qui les réunit.

La salle où avait lieu la réunion était fort vaste ; l'ameublement en était des plus simples : le luxe était alors encore réservé à l'Orient, il était inconnu à nos pères ; leur éducation austère, leurs habitudes de guerre et d'exercices violents les endurcissaient et leur faisaient mépriser tout ce qui semblait conduire à la mollesse. D'un autre côté, les arts étaient presque nuls ; l'architecture seule produisait des monuments d'un goût sévère, mais dépourvus de ces ornements qui, sans nuire à l'ensemble, enrichissent tant les détails. Ce fut au retour des croisades que les somptueuses étoffes, les meubles, les ciselures, tout ce qui constitue le luxe, enfin, fut introduit dans nos contrées.

Au fond de la salle, sous un dais construit

en pierre, élevés de quelques degrés au-dessus du sol, étaient placés deux siéges occupés en ce moment, l'un par Albert III, comte de Namur, l'autre par son hôte et ami, Thierry, évêque de Verdun. Autour d'eux, plusieurs chevaliers étaient debout ou assis, selon que leur rang leur assignait l'une ou l'autre place. Le dernier seigneur que l'on attendait arriva, et le comte de Namur allait prendre la parole, lorsqu'un nouvel hôte fut introduit. L'assistance parut étonnée ; un nuage de colère passa sur le front du prince de Namur.

— Quel est l'homme assez hardi pour entrer ici sans que je l'aie appelé ? s'écria-t-il.

L'étranger, sans tenir compte de ces paroles, continuait à s'avancer avec calme. C'était un vieillard à longue barbe blanche, revêtu de l'habit des pèlerins. Parvenu auprès du siége d'Albert III, il inclina la tête et dit d'une voix douce :

— Pourquoi me chassez-vous, seigneur comte ; pourquoi des paroles de colère contre un vieillard inoffensif? Quand je partis de notre patrie commune, mes cheveux étaient noirs, un sang vigoureux coulait dans mes veines; mais depuis, j'ai traversé bien des pays, j'ai souffert des maux cruels, mon

cœur a été brisé par la vue de bien des
douleurs et des profanations. Aujourd'hui
que, vieux et cassé, je reviens au milieu de
vous, pourquoi ne m'accueillez-vous pas,
moi qui viens vous dire les maux qu'endu-
rent nos frères d'Orient, moi qui, pour expier
une jeunesse dissipée, ai visité pieds nus le
tombeau de Jésus-Christ ?

A ces mots, la plupart des chevaliers
entourèrent le vieillard et l'accablèrent de
questions et de prévenances. Il satisfit leur
pieuse curiosité et les remercia de leur déférence. L'un d'eux, jeune et beau gentilhom-
me plus empressé que les autres, le frappa
davantage.

— J'aime à voir, lui dit-il, la jeunesse
respecter les cheveux blancs. Vos traits,
votre âge, me rappellent un enfant que j'ai
quitté il y a quelques jours et que j'ai vu
frémir à mes récits. Oui, vos traits me
rappellent le jeune Godefroid de Bouillon que
j'ai vu à Baisy.

— Tu as vu Godefroid, interrompit vive-
ment Albert, dont la physionomie, restée
sombre, se dérida tout à coup. Approche : ta
hardiesse est grande sans doute, et je devrais
t'en punir ; mais en faveur du saint pèlerinage que tu viens d'accomplir, je te par-

donne et te permets de rester parmi nous. Dis-moi, as-tu vu des larmes au château de Baisy ?

— Hélas ! oui, répondit le vieillard ; la comtesse Ida et son fils pleuraient la mort d'un parent bien-aimé, du duc de Lorraine, oncle du jeune prince.

— Et Godefroid ne parlait-il point de prendre possession de ses terres de Bouillon ? ajouta Albert.

— J'ai longuement conversé avec le jeune Godefroid, répliqua le vieillard, il m'a paru d'une piété et d'une sagesse au-dessus de son âge : les maux des chrétiens d'Orient lui ont arraché des larmes ; le récit des profanations que souffre chaque jour le tombeau du Christ l'a fait pâlir d'indignation. Pour le reste, je n'ai entendu que des prières pour celui qui venait de tomber sous les coups d'un assassin.

— C'est bien, vieillard, dit Albert ; va t'asseoir dans un coin de cette salle, tu dois avoir besoin de repos.

Puis, se tournant vers les seigneurs que sa condescendance envers le pèlerin avait visiblement satisfaits, il reprit :

— Messires, je vous ai mandés près de moi pour requérir de vous aide et assistance

dans une entreprise que je vais vous sou-
mettre et pour laquelle j'ai trouvé un allié
dans monseigneur l'évêque de Verdun. Godefroid le Bossu, duc de la Basse-Lotharingie,
vient de mourir assassiné ; cette nouvelle,
vous la savez déjà. Le fils du Courageux a
désigné pour son héritier le jeune Godefroid,
l'enfant de sa sœur. Cet acte est inique et
injuste ; le duché de Bouillon m'appartient
par ma mère Régelinde, fille de l'ancien duc
de Basse-Lotharingie, Gothelon Ier, et tante
du Bossu. Les circonstances me semblent pro-
videntielles pour reconquérir ce fief usurpé.
La puissance de Godefroid le Bossu devait
nous conseiller la prudence ; mais ce prince
vaillant n'est plus : il ne reste pour défendre
ses domaines qu'une femme et un enfant;
un enfant qui a le cœur d'un moine plutôt
que celui d'un soldat, dont le temps est
employé aux prières et aux bonnes œuvres,
et qui, tôt ou tard, s'engagera sans doute
dans les ordres sacrés. J'ai donc résolu de
réunir mes chevaliers et mes hommes d'armes
et d'aller m'emparer du château de Bouillon
pendant que Godefroid et sa mère sont
absorbés par leur douleur. Je vous requiers,
à titre de seigneur suzerain, de vous trouver
ici dans huit jours, accompagnés chacun

d'autant d'hommes d'armes que vous êtes tenus d'en fournir. J'ai dit.

L'assemblée approuva presque unanimement les paroles et les projets du comte. A cette époque, la guerre était la chose la plus simple du monde; le droit du plus fort était presque la loi souveraine, et une expédition telle que celle qu'Albert venait de proposer, n'était pour les chevaliers qu'une occasion heureuse de se distinguer et d'acquérir un renom fameux par les actions d'éclat qu'ils espéraient accomplir. Aussi l'enthousiasme fut-il le seul sentiment qu'ils éprouvèrent; et comme ils avaient besoin de tout le temps que le comte de Namur venait de leur accorder, ils se séparèrent après être convenus de quelques dispositions indispensables.

Cependant, après les paroles bienveillantes que lui avait adressées Albert, le vieillard s'était assis dans une des immenses embrasures des fenêtres; de là, il contemplait mélancoliquement les collines environnantes dont quelques-unes étaient surmontées de petites chapelles élevées par la piété des fidèles. Aux premiers mots d'Albert III, il détourna ses regards de la campagne, et, dérobé à la vue de l'assemblée par l'épaisseur des murailles, il prêta la plus vive attention

au discours du comte. L'indignation se
peignait sur ses traits : une pensée énergique
le fit même se lever et s'avancer vers les
seigneurs ; mais une réflexion subite l'arrêta.
Il vit l'empressement avec lequel les chevaliers avaient accueilli la proposition du
comte ; il vit leur nombre ; il se rappela
l'esprit impérieux et violent d'Albert, et il
comprit qu'une démarche en faveur de l'orphelin que l'on voulait dépouiller, n'avait
aucune chance de succès. Profitant de l'émotion et du trouble qui succédèrent à l'allocu-
tion du comte, il sortit de la salle sans que
son départ fût remarqué. Il marcha vers un
bois qui longeait la route, y entra, et ne
s'arrêta que lorsqu'il fut arrivé devant une
madone qui se trouvait adossée à un vieux
chêne ; un banc de bois, grossièrement
équarri, portait l'empreinte des genoux des
fidèles : c'était la Vierge de l'Immaculée,
image vénérée comme miraculeuse et qui
depuis des siècles est le palladium de la
province de Namur. Le pèlerin s'agenouilla
avec ferveur, et, levant ses mains jointes, il
s'écria : Vous venez de l'entendre, ô Marie !
des hommes injustes trament des complots
contre la veuve et l'orphelin ; quand les
larmes de la douleur coulent encore dans

cette noble famille, elle ignore qu'on veut lui ravir l'héritage de ses pères. Ma tête blanchie a trouvé à Baisy un toit hospitalier ; la table des seigneurs a réservé pour moi ses mets les plus délicats ; une couche moelleuse a reçu mes membres fatigués ; la vertueuse et humble Ida a voulu elle-même laver les pieds qui avaient touché le tombeau du Sauveur ; les plus douces paroles ont ranimé mon cœur, les soins les plus touchants m'ont été donnés là, à moi, vieillard pauvre et inconnu ; vous le savez, divine Mère de notre Dieu, et vous ne voudriez pas que votre serviteur fût ingrat. Aussi, quoique l'âge et la fatigue m'accablent et me fassent pressentir la tombe, quoique je fusse venu mourir dans ces lieux où je suis né et où personne ne me reconnaît plus, je vais reprendre le bâton du voyageur et la route de Baisy. Faites, ô Vierge, que mes forces ne me trahissent pas pour le devoir sacré que je devais accomplir. Ce soir je puis être arrivé au but de ma course : donnez à mes paroles la persuasion ; que Godefroid et sa mère y reconnaissent les accents de la vérité et non l'écho de nouvelles trompeuses. Vierge Immaculée, secours des chrétiens, soyez avec eux et avec moi.

A ces mots, le vieillard se leva. Sans doute, la divine protectrice avait écouté sa prière, car il sentit une vigueur nouvelle ranimer son corps, et il reprit d'un pas rapide le chemin du château de Baisy.

La nuit tombait lorsque le pèlerin retrouva ses nobles hôtes ; grande fut la consternation d'Ida en entendant la nouvelle du danger qui menaçait son fils. Quant à Godefroid, il écouta en silence le récit du pèlerin ; sans répondre, il se rendit dans la chapelle où le corps embaumé de son oncle était encore déposé, s'agenouilla, et s'absorba dans une profonde et pieuse méditation. Quand il sortit de l'oratoire, son front était calme, son œil assuré. Ida et le vieux pèlerin l'interrogeaient du regard.

— Mère, dit-il, mon bras est assez fort pour défendre l'héritage de mes pères ; ma cause est juste, ma foi est grande, Dieu sera avec moi. Déjà nous devons considérer comme une faveur signalée l'avis qui vient de nous être donné par ce pieux voyageur. Demain, au point du jour, mes hommes d'armes seront appelés, et ensemble nous partirons pour le château de Bouillon. Vous, ma mère, restez ici ; si je dois être vaincu, que j'aie au moins l'assurance que vous êtes à l'abri du péril.

— Mon noble enfant, répondit Ida avec orgueil, ta mère ne te quittera point. Je serai prête demain à te suivre ; c'est mon droit et mon devoir. La nuit n'est pas trop longue pour les apprêts qu'il nous reste à faire à tous deux ; séparons-nous, et à demain.

Godefroid ne chercha pas même à s'opposer à la décision de la comtesse ; il sentait que son courage serait doublé par la présence de celle qu'il aimait avec la plus profonde et la plus respectueuse tendresse ; il savait qu'Ida serait mille fois plus malheureuse de savoir son fils en danger et de ne pas être là pour le voir et le secourir. Le plus grand mouvement régna bientôt dans le château ; toute la nuit on vit les flambeaux s'agiter et les serviteurs parcourir les salles. Le lendemain, vers le soir, Godefroid et sa mère, suivis de leurs hommes d'armes, fournis par la terre de Baisy, prenaient la route du duché menacé, tandis que de loin l'humble pèlerin appelait encore sur eux les bénédictions du ciel.

La forteresse de Bouillon était bâtie sur le sommet d'une roche à pic, noirâtre et d'un accès presque impossible.

La grande quantité de châteaux forts qui existaient au moyen âge sur les divers points

du pays, mais surtout sur les rochers, dé-
fenses formées par la nature, provenait de
deux raisons que nous allons détailler.

Il y avait dans ces siècles d'ignorance toute
une catégorie de seigneurs encore à moitié
barbares et qui auraient plutôt mérité le titre
de brigands. En effet, n'obéissant à aucune
loi, ils vivaient des produits de leurs rapines
et de leurs exactions à main armée. Afin de
ne pas être exposés à la vengeance des malheureux qu'ils dépouillaient, souvent même
pour échapper à la punition du souverain
dont ils dépendaient, ils se construisaient ces
retraites inaccessibles devant lesquelles venait échouer la fureur impuissante de leurs
victimes.

La seconde origine de ces vastes construc-
tions fut la nécessité de se garantir contre
les invasions des Normands et de quelques
autres hordes barbares ; il fallait, par des dé-
fenses formidables et par le courage, suppléer
à l'infériorité du nombre. Que Bouillon dût
son origine au premier ou au second de ces
motifs, le fait est que parmi les châteaux
bien placés pour la résistance, celui-là était
un des plus forts ; véritable aire de vau-
tour, ses murs épais inspirèrent une confiance illimitée aux chevaliers qui accompa-

gnaient Ida et son fils lors de leur arrivée à Bouillon.

Déjà le sang-froid, le calme et la résolution de leur jeune chef avaient donné, même aux plus âgés des seigneurs, la meilleure opinion du succès de leurs armes. Quant aux plus jeunes, ils tenaient à honneur d'égaler le courage du noble enfant qui les commandait.

On employa le temps qui restait à approvisionner le château pour pouvoir y soutenir un siége d'une certaine longueur, et chacun ayant reçu un poste à défendre, on attendit les ennemis de pied ferme. Ceux-ci ne tardèrent pas longtemps à paraître; ils s'avançaient pleins de sécurité et certains que dès les premières hostilités, le château ne tarderait pas à capituler. Godefroid voulut leur laisser cette trompeuse confiance : ils établirent leurs retranchements au bas du rocher, et, après en avoir fait le tour pour reconnaître le côté le plus accessible, ils remirent l'attaque jusqu'au lendemain pour laisser aux soldats quelques heures de repos.

Placé à une meurtrière qui lui permettait d'apercevoir les manœuvres des assiégeants, Godefroid vit leurs projets et conçut l'espoir de les déjouer. Il appela autour de lui ses

chevaliers, et leur montrant le camp d'Albert
de Namur, il leur dit :

— Messires, dans quelques heures tous nos
ennemis vont se livrer au repos : attendrons-
nous qu'ils aient repris des forces nouvelles
pour les attaquer? Ne profiterons-nous pas
de la nuit pour les surprendre et les vaincre?
Un passage souterrain conduit du château
jusqu'au bas de la montagne ; voici ce que je
vous propose : nous laisserons ici une garde
suffisante ; un peu avant le point du jour,
vous m'accompagnerez dans une sortie dont
j'attends la victoire : je connais le passage
secret ; je marcherai le premier, vous me sui-
vrez dans le plus grand silence. Votre courage, messires, fera le reste. Quant à moi, je
veux montrer que je sais défendre ma mère,
et que je ne ferai point de honte au sang de
Charlemagne qui coule dans mes veines.

Une vive rumeur d'approbation apprit à
Godefroid que son avis était accepté avec
enthousiasme. Les dispositions furent bientôt
prises, et aussitôt que l'heure désignée eut
sonné, Godefroid et les siens descendirent en
silence ce passage qui allait les conduire au
milieu de leurs ennemis.

Le cœur du jeune homme battait plus fort
que d'habitude, mais ce n'était pas de crainte.

Tous les noms illustres de ses aïeux lui passaient devant les yeux, tous leurs brillants faits d'armes se reproduisaient à sa mémoire : parmi eux, son père si brave et qu'il avait à peine connu, son malheureux oncle, dont la grande âme faisait oublier le corps difforme, venaient surtout animer sa pensée. Le désir ardent de ne pas démériter, de marcher sur d'aussi nobles traces, le faisait palpiter d'impatience d'en venir aux mains. Puis, cependant, le sang humain qu'il allait verser pour la première fois, ces victimes innocentes de l'ambition de leurs chefs, qu'il allait falloir sacrifier, lui donnaient d'amers tressaillements. A peine la justice de sa cause parvenait-elle à lui rendre sa résolution première; mais alors l'image de sa mère venait à son secours, sa mère dont il tenait le sort, l'avenir et peut-être la vie entre les mains. Cette pensée victorieuse effaça toutes les autres, et ce fut avec une impatience fiévreuse qu'il parcourut les derniers replis du tortueux chemin. Sa main était ferme en ouvrant la poterne cachée dans un groupe de sapins adossés à la roche ; les chevaliers, les hommes d'armes, le suivirent un à un et se formèrent en un carré hérissé de fer. Aucun bruit ne trahit ce mouvement qu'une ombre

épaisse favorisait. Bientôt ils se mirent en
marche ; les sentinelles surprises furent égor-
gées, et les assiégés parvinrent au milieu du
camp sans avoir été entendus ; alors, pous-
sant tous ensemble un cri formidable, ils
portèrent la mort et l'effroi au milieu des
ennemis stupéfaits.

Pourtant la victoire ne fut pas gagnée
sans combat. Le premier moment de désordre
passé, Albert rassembla ses soldats ; l'aube
naissante lui montra la supériorité de ses
forces et il ne désespéra point. Il fondit sur
les assiégés ; mais il rencontra une résistance
héroïque. Le jeune Godefroid donnait l'exemple de la plus froide intrépidité ; il était là
où la mêlée était la plus forte, abattant les
ennemis avec autant de force que d'adresse.
Un moment vint où, enveloppé de tous côtés
par les soldats du comte de Namur, ses partisans le crurent perdu et jetèrent un cri
d'effroi ; mais lui, comme si un bouclier invi-
sible et divin l'eût protégé, resta debout au
milieu de toutes ces lances qui menaçaient
sa poitrine, renversa une partie de ceux qui
l'entouraient, mit le reste en fuite et alla porter plus loin son épée victorieuse. A cette
vue, les siens, électrisés par l'exemple, re-
doublèrent la vigueur de leur attaque : les

soldats d'Albert, au contraire, frappés d'épouvante, croyant que le ciel les abandonnait et
soutenait contre eux la cause de l'orphelin,
commencèrent à plier. Bientôt une déroute
générale eut lieu, et Godefroid et les chevaliers n'eurent plus qu'à poursuivre les soldats
qui fuyaient en désordre, malgré les efforts
de leurs chefs.

Tel fut le premier pas de Godefroid dans
la carrière des armes, son premier exploit,
sa première victoire. Ida, qui n'avait cessé
de prier pendant le combat, revit son fils
avec la joie la plus vive ; elle devina, à voir
ce front calme malgré le danger encore
récent, modeste malgré le succès, qu'un avenir brillant l'attendait.

Mais ce n'était pas assez pour Godefroid
d'avoir forcé Albert et son allié à la retraite ;
il chargea le comte Henri de Grand-Pré de
faire irruption sur les terres de Verdun.
Cette entreprise, de nouveau couronnée de
succès, valut au jeune prince la possession
de la ville de Stenay où il fit bâtir une forteresse redoutable.

A peine une année se fût-elle écoulée,
qu'Albert III, secondé par l'évêque de Verdun et par Manassès, archevêque de Reims,
voulut reconquérir ses avantages et prendre

sa revanche d'une première défaite. Il sut
bientôt qu'il n'avait pas affaire à un ennemi
ordinaire ; vaincu dans cette nouvelle lutte,
il y perdit le comté de Verdun. Il fit une dernière tentative contre Stenay ; mais elle fut
aussi malheureuse que les deux premières,
et depuis on n'essaya plus de se mettre en
guerre avec un prince aussi vaillant que le
duc de Bouillon.

II

Quelle est cette ville aux monuments si
imposants, si grandioses et à l'aspect si
désolé ? Les palais, les temples saints y
abondent ; le marbre, les sculptures y sont
prodigués, mais plusieurs de ces palais ont
été livrés au pillage ; des meubles brisés sont
jetés dans les rues ; des soldats avinés poursuivent de malheureux habitants tremblants
de frayeur. Devant un palais qui semble
avoir été respecté, se pressent plusieurs
groupes de soldats qui paraissent plus cal-
mes et dont la tenue est décente ; leur air
triste et inquiet les ferait prendre pour des
vaincus, si la déférence qu'on leur témoigne
ne prouvait le contraire. De temps en temps,

un jeune écuyer sort du palais et vient leur dire quelques mots qu'ils écoutent avidement et qui tantôt rassérènent, tantôt assombrissent leur physionomie. Nous allons suivre le jeune écuyer, et, gravissant avec lui les degrés de marbre blanc d'un escalier royal, nous entrerons avec lui dans une vaste et belle salle où règne un morne silence. Plusieurs personnes cependant y sont réunies autour d'un lit sur lequel est couché un jeune chevalier. Malgré le demi-jour qui règne dans la chambre, on peut apercevoir la belle figure du jeune malade; seulement, une fièvre ardente a desséché ses lèvres, pâli son front, altéré ses traits. Ceux qui l'entourent annoncent par leurs riches costumes le haut rang qu'ils occupent ; ils suivent avec tristesse les ravages du mal et regardent avec une pitié douloureuse cette noble tête égarée par le délire. Cependant, un peu de calme paraissant revenir au malade, les seigneurs se retirent, afin de ne pas troubler un sommeil qui peut être réparateur.

Le jeune écuyer les voit partir avec une satisfaction évidente. Quand le bruit de leurs pas a expiré sur les dalles, il va fermer avec précaution la haute porte de la salle, s'assure qu'on ne peut plus y pénétrer du dehors;

puis, se dirigeant vers la profonde alcove où
le lit est placé, il va ouvrir une petite porte
cachée derrière des tentures et introduit par
là un personnage qui ne ressemble en rien à
ceux qui viennent de sortir. C'est un pauvre
moine, vêtu de bure, dont une corde ceint les
reins, dont la tête nue reste exposée aux
intempéries de l'air, dont les pieds n'ont pour
chaussure que des sandales ; mais ces vêtements misérables n'empêchent point qu'on
ne soit prévenu bien vite en faveur du religieux. L'étude lui a donné des rides avant
l'âge, les privations ont creusé ses joues ;
mais la bonté et l'intelligence font rayonner
son front.

L'écuyer, mettant un doigt sur sa bouche,
lui montre son maître et lui dit à voix basse :

— Je lui ai fait boire la potion que vous
m'avez donnée, et voyez comme son sommeil
est profond.

— C'est bien, enfant, répond le moine,
j'attendrai.

Et apercevant à côté du lit un prie-Dieu
devant une image du Christ, il s'agenouilla
et s'absorba bientôt dans sa prière.

Une heure se passa, pendant laquelle la
respiration égale et tranquille du malade
annonçait le calme de son repos. Depuis

quelques instants le moine s'était relevé et regardait avec intérêt celui que sa science venait de soulager. Bientôt ce dernier ouvrit les yeux. Ce n'était plus ce regard égaré qui avait donné tant de crainte à ses amis ; mais un étonnement profond se lisait sur sa figure. Le moine se tourna vers l'écuyer :

— Laisse-nous seuls, enfant, lui dit-il, tu reviendras dans une heure.

Le jeune homme obéit.

Quand les regards du malade rencontrèrent ceux du moine, il sembla chercher dans sa mémoire si c'étaient les traits d'un ami.

— Ne vous fatiguez pas à me reconnaître, mon enfant, dit le religieux ; vous ne m'avez jamais vu.

— Où suis-je, qu'est-il arrivé? dit le jeune malade.

— Vous êtes à Rome, tombée au pouvoir de l'empereur Henri IV.

— Oh ! dit péniblement l'inconnu, je me rappelle. Rome, conquise pour mon maître ; moi peut-être la cause de cette conquête ; hélas !

— Comment, mon fils, dit avec surprise le moine, vous ne vous réjouissez pas de votre victoire?

— Me réjouir? répondit le malade. Mais

si je suis ici, sur ce lit de douleurs, car je me
rappelle tout maintenant, c'est le remords
qui m'y a conduit ; ce mal qui me mène aux
portes de la mort n'a pas d'autre cause.

A ces mots la satisfaction la plus vive se
peignit sur les traits du moine.

— Ah ! je savais bien, dit-il, que le pieux
Godefroid de Bouillon, le fils de la sainte et
noble Ida, ne pouvait persévérer dans la voie
où il s'est engagé depuis quatre ans.

— Mais qui êtes-vous, mon père? interro-
gea Godefroid, que nous retrouvons ainsi
bien loin de sa patrie; qui êtes-vous, pour
vous intéresser à moi?

— Moi, dit en souriant le religieux, je
suis bien peu de chose; on m'appelle le frère
Anselme et j'ai oublié le nom que je portais
autrefois. Je fus chevalier avant de me consacrer à Dieu; c'est pourquoi je conserve
tant d'affection à ceux qui se servent noble-
blement de l'épée que Dieu a mise à leurs
mains. Parmi les jeunes souverains dont je
suivais la carrière avec bonheur, vous étiez
un de ceux sur qui j'avais fondé le plus d'espérance. Pourquoi avez-vous trompé mon
attente? pourquoi avez-vous pris les armes
contre le souverain pontife?

— En peu de mots, mon père, je puis vous

répondre. Aussitôt que l'empereur Henri IV,
dont je relève comme suzerain, se vit attaqué par les Saxons, il appela autour de lui
ceux dont l'épée lui appartenait ; je fus du
nombre. On me fit l'honneur, la veille de la
bataille de l'Elster, de me confier l'étendard
de l'Empire ; c'est avec la lance de cet étendard que je frappai au cœur celui que les
Saxons avaient donné pour compétiteur à
mon maître ; c'est alors que celui-ci voulut
étendre sa vengeance jusque sur le pape et
que, entraîné par les armes, je vins planter
ma tente sous les murs de Rome. Vous savez
ce qui arriva depuis, mon père.

— Oui, mon enfant, je sais que vous avez
fait, comme toujours des prodiges de valeur ;
je sais que l'empereur découragé allait abandonner le siége, quand votre exemple l'a
retenu ; je sais enfin que c'est vous qui avez
pratiqué la première brèche, que c'est vous
qui le premier, mettant le pied sur les remparts de Rome, êtes allé, sur les cadavres
des soldats, ouvrir la porte de Latran aux
Impériaux.

— Ah ! vous me faites frémir, mon père,
en me rappelant tout ce qui aujourd'hui rend
mes dernières heures si amères ; car, je le
crois, Dieu me punit par les maux que je

souffre, et ma mort seule peut expier le crime
d'avoir porté les armes contre le successeur
de saint Pierre, d'avoir porté une main sacrilége sur la ville éternelle.

— Sont-ce là les pensées qui vous accablent, enfant, et se présentent-elles à vous
pour la première fois?

— A peine, répondit Godefroid, à peine
vis-je les rues de Rome envahies par nos
soldats, que le remords pénétra dans mon
âme et la déchira; en même temps un frisson
parcourut tous mes membres, mon épée
parut lourde à mes bras affaiblis, et je ne
pus que me traîner vers ce palais où bientôt
la maladie me réduisit à l'état où vous me
voyez. Je reconnus la main de Dieu, et,
depuis plusieurs jours, mon esprit en délire
ne se réveillait que pour éprouver les terreurs de la mort, quand ce matin un sommeil
réparateur est venu donner quelque repos à
mon corps fatigué. C'est en me réveillant
que je vous aperçus, mon père, et j'ignore
encore quel génie bienfaisant vous a mené
vers moi.

— Votre jeune écuyer, répliqua le moine,
a pour vous le dévouement le plus complet;
chaque matin, sa foi le conduisait dans la
chapelle de notre couvent, où ses larmes et

ses prières imploraient le Ciel pour votre
guérison. Frappé de cette douleur si profonde, je l'interrogeai et j'appris qu'il appartenait au vainqueur de Rome. Mes études
m'ont dévoilé quelques secrets de l'art de
guérir. Un fatal entraînement vous avait fait
le persécuteur du chef de l'Eglise ; nous
avions tous souffert par vous ; mais en présence de celui qui est mort pour ses bour-
reaux, un pauvre prêtre comme moi ne
pouvait pas voir un ennemi dans un chrétien mourant. Je demandai à vous voir, et
votre écuyer y consentit. Depuis plusieurs
jours je viens ici par cette porte secrète lorsque les barons allemands ont quitté votre
chevet ; j'ai suivi les progrès du mal, et
c'est moi qui vous ai fait administrer la
potion qui vous a procuré ce bon et calme
sommeil.

— Merci, mon père ; je mourrai avec
moins de désespoir, car je pourrai par votre
entremise demander le pardon du Ciel.

— Vous ne mourrez pas, Godefroid de
Bouillon, répliqua le moine, et Dieu vous
demandera une autre expiation, car il est
écrit : Le Seigneur ne veut pas la mort du
pécheur, mais sa pénitence.

— Que sa sainte volonté soit faite, répon-

dit Godefroid ; parlez, mon père, que voulez-
vous de moi ?

— Les temps ne sont pas encore venus,
reprit le moine avec inspiration, mais ils ne
tarderont pas ; des événements glorieux pour
le christianisme se préparent. L'Orient gémit
sous l'oppression des infidèles ; le tombeau
de Notre-Seigneur Jésus-Christ est profané
chaque jour. Il y a une grande œuvre à
accomplir ; mais laquelle, et comment elle
s'accomplira, nul ne le sait encore. Rêves ou
visions, Godefroid, je vois souvent la nuit
d'innombrables armées en marche vers la
désolée Jérusalem, et depuis que je vous
connais, c'est toujours vous qui marchez à
leur tête. Voyez ce crucifix devant vous,
mon fils, donnez-moi vos mains jointes, jurez
avec moi, du fond de votre âme, si la santé
vous est rendue, d'aller visiter un jour le
marbre sacré qui reçut la dépouille d'un
Dieu.

Godefroid s'était soulevé ; le sang avait
coloré ses joues : la force paraissait revenue
à ses membres ; son regard était brillant,
et d'une voix forte il dit :

— O mon Sauveur, expirant sur la croix,
daignez regarder en pitié votre serviteur
indigne ; pardonnez le crime que j'ai com-

mis, en faveur du repentir qui remplit mon âme. S'il vous faut ma vie, Seigneur, je vous en fais humblement et sincèrement le sacrifice ; mais si mes jours peuvent encore être utiles à votre cause, je jure ici, sur ce Christ qui me tend les bras, de me rendre dans la terre sacrée qui recueillit votre dernier soupir, d'arroser de mes larmes la tombe qui vous reçut, et, si ce n'est pas, Seigneur, avec le bâton du pèlerin, ce sera avec l'épée du soldat.

Ainsi parla Godefroid, et le moine reprit :

— Dieu vous bénit et vous pardonne par ma bouche, mon fils. Adieu, Godefroid de Bouillon ; un jour votre nom retentira dans le monde et viendra porter un souvenir jusque dans mon obscure et paisible retraite.

A ces mots, frère Anselme disparut, et Godefroid retomba épuisé sur sa couche, où un sommeil profond le saisit et vint donner raison aux prédictions du moine.

Quelques jours après, le duc de Bouillon reprit la route de Belgique. La santé et les forces lui étaient revenues, et il allait passer quelques années dans ses Etats, où sa présence était impérieusement réclamée et où il allait attendre que l'heure sonnât de remplir son serment.

III

Ce n'est plus cette fois dans nos contrées que vont se passer les scènes qu'il nous reste à décrire; c'est sous le ciel brûlant de la Terre-Sainte que nous allons nous transporter.

La grande œuvre dont le frère Anselme avait parlé à Godefroid de Bouillon allait enfin avoir son dénoûment.

En 1096, à la voix de Pierre l'Ermite, les princes chrétiens s'étaient levés en masse pour aller reconquérir le tombeau du Christ et défendre leurs frères opprimés. Godefroid de Bouillon avait reconnu la voix de Dieu qui l'appelait; après un repos de plusieurs années, consacré à administrer ses Etats avec autant de bonté que de sagesse, il comprenait que l'heure était venue d'accomplir son vœu. Aussitôt il avait cédé quelques-uns de ses domaines et engagé le reste. Avec une partie de l'argent qui lui en était revenu, il avait doté quelques fondations pieuses; le reste avait servi à l'équipement d'une armée que les chroniqueurs font monter à 10,000 cavaliers et 80,000 fantassins. Voilà le contingent que le prince belge apporta à la

grande armée chrétienne ; les plus braves
chevaliers brabançons s'étaient rangés sous
sa bannière. A travers mille périls, suppor-
tant des fatigues inouïes, accomplissant des
travaux gigantesques, les chrétiens étaient
enfin parvenus sous les murs de Jérusalem,
après avoir, dans des batailles homériques,
anéanti de formidables armées de barbares.

On était au soir du 14 juillet 1099 : douze
heures de combat n'avaient pu réduire la
ville ; le lendemain était le jour fixé pour le
second assaut par Godefroid de Bouillon,
devenu l'âme et le chef de ces preux immor-
tels. Aucun d'eux ne sentait le besoin du
repos ; leur ardeur était si vive qu'ils aspi-
raient de toutes leurs forces à voir l'aube
blanchir le faîte des murailles de la cité
sainte.

Dans une des tentes les plus considérables
du camp, étaient réunis plusieurs chevaliers ;
leur aspect trahissait le rang élevé qu'ils
occupaient : ils étaient presque tous revêtus
de riches armures et s'entretenaient, en divers
groupes, de la journée qui venait de s'écou-
ler, mais surtout de celle du lendemain.
Parmi eux on voyait Raymond de Toulouse,
le comte de Flandre, l'illustre Tancrède,
Eustache, frère de Godefroid, Eudolphe et

Englebert de Tournai, Hugues de Saint-Pol
et plusieurs autres non moins fameux.

Dans l'angle le moins éclairé de la tente,
était assis un jeune homme dont l'attitude et
les vêtements contrastaient avec ceux des
autres personnages. Rien de guerrier sur
cette pâle et belle figure ; de longues bou-
cles blondes l'auraient fait ressembler à une
femme, si des yeux noirs, remplis de feu et
d'énergie, une taille élevée, et parfois des
mouvements pleins d'une mâle assurance,
n'eussent montré l'erreur de cette supposi-
tion. Il paraissait étranger à ce qui se disait
autour de lui ; son regard distrait et profon-
dément rêveur semblait suivre des fantômes
qui échappaient à ses yeux.

Soudain Raymond de Toulouse se tourna
vers lui.

— Cher Gaultier, dit-il, notre tant aimé
trouvère, n'as-tu pas quelques récits héroï-
ques à nous dire? Oh! que ta voix nous ferait
de bien et charmerait pour nous les lon-
gueurs de cette nuit d'attente.

A ces mots, les autres chevaliers entourèrent à la fois le jeune Gaultier, et leurs ins-
tances prouvèrent combien la proposition du
comte de Toulouse leur était sympathique.

— Oh! moi, répondit Gaultier avec une

voix harmonieuse et vibrante, moi, messires, je ne sais plus qu'une chanson, je n'ai plus qu'un héros, vous le savez bien.

— Ce héros est le nôtre, enfant, reprit Tancrède; il n'inspire de jalousie à aucun de nous, car son cœur est aussi bon, sa modestie est aussi grande que sa gloire est belle. Jamais tu ne nous rediras assez souvent les vertus, les hauts faits de notre illustre chef, Godefroid de Bouillon.

Les autres approuvèrent de la voix et du geste.

Alors Gaultier redressa sa tête jeune et fière, fixa ses yeux au ciel et reprit :

— Est-ce ma mère qui m'apprit à chanter tout ce qu'admire mon âme? Je n'en sais rien ; mais jamais je n'ai pu voir les douces harmonies de la nature sans les peindre par des mots qui renfermaient en eux une musique cadencée; jamais je n'ai assisté à un combat, jamais je n'ai vu les hauts faits d'un héros sans les redire dans mes vers.

« L'Italie, le Languedoc, la Provence, sont, à ce qu'on assure, les terres privilégiées où Dieu fait naître les poètes. Que suis-je donc, moi, pauvre rêveur, qui n'ai vu le jour dans aucun de ces pays?

» Car ma patrie est ce sol fortuné de la

Belgique qui donne aujourd'hui tant de
preux chevaliers à la cause sainte. Les terres
riches et fertiles du Hainaut ont abrité mon
berceau; et si notre ciel est plus froid, si le
soleil y est plus rare, notre cœur n'en est pas
moins ardent pour Dieu et la patrie, il aime
à les chanter en un rhythme sonore.

» Enfant de ce vieux sol où le courage et
la liberté sont l'héritage que chaque père
laisse à son fils, laissez-moi me complaire
dans cette pensée, douce à mon âme, qu'à
côté des troubadours de la Provence, nos
neveux placeront un jour les vieux chantres
hennuyers. Mais ce n'est point afin de m'entendre vous parler de moi-même que vous
avez apprêté votre oreille. Si mes paroles
peuvent vous plaire, ce sera par le nom du
héros dont elles retraceront quelques faits
éclatants; ma voix n'a point de prix parce
qu'elle m'appartient, mais parce qu'elle redit
le nom de l'illustre preux qui nous commande.

— Voyez-vous là, de loin, sur les murs de
Nicée assiégée, ce colosse infidèle qui menace
l'armée chrétienne? Nouveau Goliath, il
porte l'effroi et la mort parmi le peuple de
Dieu; sa tête grimaçante nous nargue et
nous défie; son épée que trois hommes sou-

lèveraient à peine, abat tous ceux qui tentent
de mettre le pied dans la ville ; son courage
égale sa force ; là où le danger est le plus
menaçant, il accourt, ranime par sa présence les musulmans affaiblis et fait reculer
les chevaliers les plus braves. Les infidèles
se répètent l'un à l'autre que son armure, du
plus fin acier, est un don de Mahomet lui-
même ; quelques-uns de nos soldats, crédules
par ignorance, ajoutent foi à ces mensonges
grossiers et reculent découragés. Le géant
triomphe dans sa force. Mais le Ciel a vu
son front superbe s'élever, et le Ciel ne peut
souffrir l'orgueil de l'impie ; il permet que la
prudence l'abandonne. Aussitôt le colosse,
fier de l'admiration et de la terreur qu'il
inspire, jette son épée et son bouclier ; il
découvre sa poitrine, et pour immoler plus
d'ennemis à la fois, il détache des blocs
énormes de granit qu'il précipite sur les
troupes chrétiennes. La mort se réjouit du
grand nombre de victimes que cette main
puissante lui envoie d'un seul coup. Mais de
loin, Godefroid de Bouillon aperçoit cet
affreux carnage ; une sainte fureur le transporte et il s'écrie : « Non, mon Dieu, tu ne
permettras pas que ceux qui combattent
pour toi tombent comme l'herbe des champs

sous les coups de cet impie qui blasphème ton nom. »

» Il dit, et soulevant sa lourde arbalète, il se fait abriter sous d'épais boucliers par deux de ses écuyers et s'avance sans crainte sous les murailles. Le géant ne peut croire à tant d'audace ; surpris, il s'arrête un instant. Plus prompt que la pensée, Godefroid relève son arme, et bientôt une flèche rapide siffle dans les airs et va frapper droit au cœur le terrible ennemi, au milieu des cris de joie de l'armée chrétienne et de la consternation des assiégés.

Gaultier se tut un instant, puis il reprit :

— Le courage qui se montre devant les armées peut naître parfois d'une pensée d'orgueil ; mais celui qui n'a d'autre témoin que Dieu, celui que le dévouement pour un être obscur inspire, celui-là vient des sources les plus pures et il est plus précieux aux yeux du Seigneur.

Dans les bois antiques de ses terres ardennaises, Godefroid poursuivait le cerf, le chevreuil, le sanglier et le loup aux instincts voraces ; dans les forêts de l'Asie, notre héros a trouvé des adversaires plus dignes dans les hôtes féroces de ces vastes solitudes. Lorsqu'un repos forcé, lorsqu'une trêve

momentanée vient arrêter la marche de
l'armée chrétienne, aussitôt Godefroid se
livre avec entraînement au noble plaisir de
la chasse.

Nos tentes étaient dressées non loin d'An-
tiochette ; une forêt séculaire s'étendait à
peu de distance de notre camp : c'est là que
le noble chef trouvait son délassement.

Un jour, l'ardeur de la chasse l'entraîne
bien loin des serviteurs qui l'accompagnaient.
Tout à coup un spectacle effrayant s'offre à
ses regards : un soldat qui rassemblait des
branches d'arbres pour les rapporter au
camp, venait d'être surpris par un ours
monstrueux qui déjà s'élançait vers le malheureux.

D'où venais-tu, monstre formidable? pourquoi sortais-tu de ton repaire alors que
Godefroid se trouvait seul à lutter contre toi?
N'étais-tu pas suscité par l'ennemi du genre
humain pour arracher la vie au guerrier de
la croix? Le soldat, blême d'épouvante, se
met à fuir, mais il voit son impuissance ; il
voit l'ours le gagner de vitesse et son sang
se glace dans ses veines. Le héros chrétien
n'hésite pas ; il excite son fidèle coursier de
la voix et du geste, et, en quelques secondes
d'une course rapide, il se trouve entre le

soldat et son terrible ennemi. L'animal étonné s'arrête ; il voit sa proie lui échapper, il
voit un adversaire affronter sa force. Aussi,
oubliant bientôt le soldat qu'il poursuivait,
l'ours gronde de fureur et va se précipiter
sur Godefroid. Mais celui-ci le prévient : il
lance son coursier et fond sur l'ours avec la
rapidité de la foudre. Le choc est affreux ;
l'épée du prince blesse la bête féroce et
redouble sa rage, mais, en même temps, la
violence de la secousse a désarçonné Godefroid, et les deux combattants roulent ensemble dans la poussière. En cet instant l'épée
du duc s'engage sous lui et lui fait à la
jambe une profonde blessure. L'ours, altéré,
lèche le généreux sang que le prince perd
à flots. A peine l'animal féroce a-t-il goûté
de cette enivrante boisson, que ses yeux
s'injectent ; sa soif et sa fureur redoublent,
il étreint son ennemi entre ses pattes puis-
santes et cherche à l'étouffer. Mais Godefroid
ne connaît point la faiblesse, et, sans pâlir un
instant, il repousse avec vigueur l'attaque du
monstre ; ce fut pendant quelques instants
un spectacle affreux et saisissant. Tantôt le
prince est étendu sous l'animal dont la bave
sanglante se mêle à son haleine ; tantôt
Godefroid renverse à son tour le monstre et

cherche à ressaisir son épée tombée à côté de lui dans sa chute.

En ce moment, sans doute, les puissances du ciel et de l'enfer assistaient à cette lutte héroïque ; l'ange protecteur du prince implorait avec larmes le pouvoir du souverain maître ; l'incorrigible orgueil de Satan lui faisait croire qu'il allait emporter et vaincre dans cette forêt isolée celui qui avait échappé tant de fois aux hasards des combats, celui qui venait de si loin renverser l'empire des ténèbres, détruire sa puissance et faire triompher la croix. Oui, aux larmes de l'ange gardien éploré répondaient les délires de Satan, le bruit aigre et grinçant de ses rires de joie et de triomphe !

Mais il est écrit : Le Seigneur n'abandonnera pas ceux qui le craignent et il exaucera les désirs de leur cœur.

Godefroid rassemble ses forces défaillantes en un suprême effort : d'une main il contient un instant le monstre ; de l'autre, il parvient à ressaisir son épée. Cependant l'animal se débarrasse de l'étreinte du prince ; il approche sa gueule béante, souillée de boue et de sang, et va dévorer sa victime, quand Godefroid, qui n'attendait que cet instant, lui plonge jusque dans la gorge la garde de

son épée. A moitié étouffé, mais non vaincu,
l'animal reste étendu sous la pression encore
vigoureuse du héros. Quelques instants se
passent, qui paraissent des siècles au prince,
car sa blessure saigne encore et il sent que
la vie va le quitter, si le secours tarde longtemps à venir.

Mais le soldat sauvé par Godefroid s'était
élancé vers la lisière de la forêt ; à une assez
grande distance de la scène terrible à laquelle
nous venons d'assister, il rencontra les gens
du prince qui avaient perdu sa trace. Bientôt
il les met au courant du danger que court
leur maître, et, guidés par lui, les serviteurs
palpitants d'effroi , d'inquiétude , arrivent
enfin auprès du héros alors que ses forces
épuisées allaient le livrer à la cruelle vengeance de son féroce ennemi.

Vous l'avez tous vu, seigneurs, quand le
triste cortége vint porter la consternation
parmi nous. Derrière la dépouille sanglante
de l'énorme monstre, les écuyers en pleurs et
la douleur peinte sur tous les traits, por-
taient sur une litière de branches et de
feuilles le corps presque inanimé de Godefroid ; il respirait encore, mais son front pâle
semblait revêtir les ombres de la mort. Nous
avons pu entendre alors les gémissements de

tous les soldats dont il est le père autant que
le chef, à qui il venait de prouver, une fois
de plus, sa bonté et son dévouement en expo-
sant sa vie pour l'un d'entre eux ; nous avons
pu voir le désespoir sur le visage des chevaliers, les appréhensions les plus cruelles dé-
chirer tous les cœurs.

Puis, pendant qu'une main savante sondait
cette plaie profonde, un religieux et solennel
silence régna dans le camp ; des milliers de
cœurs battaient de la même crainte et adressaient le même vœu au Ciel.

Aussi, quand le vénérable ermite auquel
les secrets de la nature sont révélés, vint,
avec le bonheur empreint sur le front, nous
dire que Dieu conserverait à notre amour le
plus juste et le plus vaillant des chefs, une
immense acclamation retentit dans les airs
et un cri de reconnaissance fut recueilli
par les anges et porté aux pieds du Tout-
Puissant.

S'il me fallait vous dire, seigneurs, tous
les épisodes de courage, de charité, de dévouement qui remplissent cette belle vie, la
nuit serait trop courte et le jour nous sur-
prendrait quand mes chants seraient encore
loin d'être achevés. Et cependant l'aube naissante doit nous voir tous debout ; car le but

de nos vœux, le dénoûment de nos combats approche. Demain, la grande lutte du monde chrétien contre le culte des infidèles aura donné la victoire au plus digne; demain nous triompherons, seigneurs, car le plus digne n'est-il pas Godefroid! »

Ainsi parla le jeune Gaultier. Il avait su faire passer dans l'âme de ses auditeurs les émotions des scènes que décrivaient ses chants ; il avait électrisé les courages, doublé l'admiration, la confiance pour l'illustre chef; il avait admirablement préparé au combat ces hommes si bien disposés déjà. Son influence bienfaisante fut comprise; on l'en remercia, et la réputation du jeune trouvère fut doublée pendant cette veille solennelle.

Le jour du 15 juillet 1099 se leva pur et sans nuages : le camp s'ébranla de bonne heure, chacun reprit son poste; une dernière fois, Godefroid parcourut les rangs de ses braves soldats et sut trouver pour chacun d'eux une parole bienveillante, un mot d'encouragement. Puis le héros alla occuper la place que ses exploits avaient déjà illustrée la veille. C'était au faîte d'une immense tour en bois qu'il s'était fait construire et qu'un grand crucifix d'or désignait aux attaques les plus acharnées des Sarrasins. Bientôt la

signal du combat fut donné : les lourdes
machines, qui à cette époque formaient l'at-
tirail d'un siége, s'ébranlèrent avec le bruit
du tonnerre et commencèrent à battre en
brèche les remparts déjà entamés. Pendant
trois heures, la lutte fut égale et le succès
resta incertain ; mais, vers midi, la flèche
enflammée d'un mécréant vint s'attacher à
la tour de Godefroid, et bientôt l'incendie,
alimenté par de nouveaux traits de feu,
menaça de détruire ce qui faisait la princi-
pale force des assiégeants.

C'est alors qu'on vit éclater tout le courage
de l'illustre duc de Bouillon ; il voyait les
chrétiens consternés, les soldats écrasés par
les projectiles de toute espèce que les assiégés
faisaient pleuvoir sur eux du haut de leurs
remparts ; le feu étouffant les uns, des flèches
meurtrières renversant les autres, les chevaliers harassés cédant de toutes parts, enfin
l'ennemi jetant des cris de victoire comme si
déjà le Christ succombait sous le croissant
de Mahomet.

Une immense douleur remplit l'âme de
Godefroid ; un moment il crut que le Ciel
irrité l'abandonnait. En vain s'était-il, comme
le dernier des soldats, jeté au milieu des
flammes pour aider à les éteindre ; en vain

avait-il exposé mille fois sa vie pour exciter l'ardeur de ses troupes ; le découragement commençait à se glisser partout, et dans le grand cœur du prince lui-même un doute affreux surgit un instant. En ce moment ses yeux se levèrent vers l'image dorée du Christ que l'incendie avait jusque-là respectée. O miracle ! un vif rayon de soleil frappait l'emblème sacré et faisait de la cruelle couronne d'épines une auréole lumineuse autour de la tête divine : le Christ crucifié parut resplendissant comme dans sa gloire. Mais un autre prodige qui un instant arrêta l'armée chrétienne tout entière, fut la réponse du ciel au doute de Godefroid. Au-dessus de la montagne des Oliviers, l'on vit soudain apparaître dans les airs un guerrier céleste dont le coursier avait des ailes de feu, dont l'armure brillait comme le soleil et dont le bras agitait un bouclier étincelant en montrant aux soldats le chemin de Jérusalem. A cette vue, un cri parcourut l'armée frémissante : « C'est Saint-Georges qui vient combattre avec nous. » Aussitôt un enthousiasme indicible transporte les guerriers ; ils ne sentent plus la fatigue, ils ne craignent plus rien, ils sont sûrs de la victoire. Godefroid a tout vu.

— O Seigneur, dit-il dans son âme, que
tu es grand et que nous sommes peu dignes
de te comprendre !

Puis, pour expier sa faiblesse d'un instant,
il se met à combattre l'élément destructeur
avec le courage que donne une foi pleine et
entière ; aussi l'assistance divine est mani-
feste, car Dieu exauce ceux qui mettent en
lui toute leur confiance. Le feu semble fuir
devant les soldats chrétiens et bientôt il n'en
reste plus. de traces ; alors, avec un élan
nouveau et un succès inespéré, on parvient
à approcher entièrement la grande tour des
murailles de la ville. Aussitôt un pont-levis
est abattu, et, jetant le cri de : Dieu le veut !
Dieu le veut ! devise de la croisade, Godefroid
s'élance dans Jérusalem, suivi d'une foule
de guerriers

Ce fut le vendredi, 15 juillet, à trois
heures après-midi, que la ville sainte fut
arrachée au pouvoir des infidèles ; comme si
le Christ avait voulu que l'heure et le jour de
sa mort fussent aussi ceux de la délivrance de
son tombeau sacré.

Mais, si le duc de Bouillon était ardent et
valeureux dans le combat, il était généreux
et magnanime dans la victoire. Laissant la
vengeance à des cœurs moins nobles que le

sien, sa première pensée fut pour celui qu'il était venu servir du fond de sa patrie. Vêtu d'une simple tunique de laine, les pieds nus, la tête découverte, il alla humblement s'agenouiller au pied du saint sépulcre; là il s'unit de pensée avec ce divin Sauveur dont l'amour a fait un martyr. Son exemple trouva bientôt des milliers d'imitateurs : la soif du sang était apaisée; la religion et le devoir éclairèrent ces cœurs entraînés par le premier enivrement du triomphe. On vit ces hommes bronzés par le danger, inaccessibles en apparence à tout sentiment d'humilité et de tendresse, courber leur front dans la poussière des saints lieux, verser d'abondantes larmes au souvenir des douleurs d'un Dieu crucifié et mort pour eux ; on les vit se frapper la poitrine, confesser publiquement les erreurs de leur vie, abandonner les trésors conquis pour en doter les églises, pour en secourir les vieillards, les pauvres et les infirmes. O exemple digne de l'attention de tous les siècles ! ces noms illustres, ces guerriers exempts de crainte, intrépides dans les batailles, fiers de leur force, grands et respectés dans l'univers entier; ces guerriers, dis-je, humiliaient leur front superbe, vaincus dans leur orgueil par cette foi sublime qui seule est capable de faire les héros et les saints.

Mais si Jérusalem était conquise, le royaume chrétien restait à fonder sur les ruines de l'islamisme ; il fallait un chef à cette province, une tête auguste qui, avec le titre de roi, fût, par ses talents, par ses vertus, par sa sagesse, le palladium destiné à sauvegarder le nouvel État. Chacun comprit la gravité du choix qu'on allait faire. Dans une réunion solennelle des chefs et des princes chrétiens, on choisit, parmi les plus vénérés des guerriers et des prêtres, dix électeurs chargés de désigner le plus digne de la couronne. Une enquête minutieuse fut ouverte et un jour fut indiqué pour annoncer au peuple et aux chefs le choix des électeurs.

L'aube de ce jour se leva radieuse ; de bonne heure, des flots de peuple parcouraient les rues de Jérusalem : une curiosité fiévreuse, une impatience croissante animaient les divers groupes de citoyens et de soldats ; enfin, quand sonna l'heure de midi, on vit sortir de leurs demeures respectives les dix vénérables chefs choisis pour désigner le roi de Jérusalem : entourés des honneurs dus à leur rang et à leur mérite, ils se dirigèrent vers l'église du Saint-Sépulcre où allait avoir

lieu l'élection solennelle. De leur côté, les
chevaliers s'y rendaient en foule, et le peuple tâchait de trouver place dans le saint
temple où bientôt tous se trouvèrent réunis.
Les magnificences de l'Orient décoraient
l'église; l'or, les tentures de pourpre étaient
prodiguées; sur une table recouverte d'un
riche tapis, était déposée la couronne étince-
lante de brillants qui devait orner le front
royal. Sur dix siéges d'un riche travail, en-
tourant l'autel de chaque côté, étaient assis
les dix électeurs; sur des coussins de pourpre, en face des juges, avaient pris place,
selon leur rang et leurs grades, les vaillants
princes et chevaliers qui avaient survécu
aux mille dangers de la croisade.

Bientôt le vénérable patriarche, chargé de
déclarer au peuple le choix des électeurs, se
leva, et en ce moment le silence le plus profond succéda aux clameurs bruyantes de la
multitude. Le vieillard promena un instant
ses regards sur cette foule qui remplaçait
enfin les profanateurs infidèles, puis il com-
mença en ces termes :

« Pieux évêques, nobles princes, braves
chevaliers, peuple chrétien, avant de parler
ici du motif de notre réunion, un devoir
sacré nous reste à remplir. Si la malheureuse

Jérusalem, longtemps gémissante sous l'op
pression, est enfin délivrée de ses fers, certes
c'est à vos glorieuses épées qu'elle en est
redevable ; mais que peut l'homme sans
l'aide de Dieu ? qu'aurions-nous pu faire
tous, si le secours céleste nous eût manqué ?

» Ce Dieu souverain, miséricordieux et
juste, chacun de vous l'a déjà béni pour la
protection visible qu'il nous a accordée ;
mais, vous le savez, la prière est mille fois
plus agréable au Tout-Puissant quand elle
est faite en commun, l'hommage est plus
éclatant quand un peuple l'adresse au ciel
d'une commune voix. Je veux donc aujour-
d'hui, en votre nom, au nom de ceux qui
n'ont pu trouver place dans cette enceinte,
au nom de la chrétienté tout entière, adresser
l'encens de nos prières, de notre reconnaissance à ce Dieu protecteur dont le bras a
renversé nos ennemis.

» Que la louange accompagne son nom
trois fois saint, que son empire s'étende, que
les nations de l'univers le connaissent et
l'adorent.

» Qu'il n'arrête point ses bienfaits sur
nous, et, après nous avoir donné la victoire,
qu'il daigne nous la conserver. Que sa
science nous éclaire, que son amour nous

enflamme, que sa foi nous fortifie, que son
esprit préside à nos conseils.

» Enfin, mes frères, que le Seigneur vous
bénisse du haut de son trône de gloire, ainsi
que je la fais, moi, son humble et indigne
serviteur. »

En disant ces derniers mots, le vieillard
avait étendu ses mains tremblantes sur la
foule agenouillée ; une émotion indicible
remplit tous les cœurs, et l'on prêta une
attention nouvelle quand le patriache reprit :

« Une tâche grave et sainte nous a été
confiée par vous, messires : désigner le plus
digne de ce trône où s'assit David, de ce trône
qui aurait dû être l'héritage du Fils de Dieu.
Un moment nous avons cru cette mission
au-dessus de nos forces ; mais, après avoir
imploré l'esprit du Très-Haut, après avoir
reconnu « sa grandeur et notre bassesse, »
nous nous sommes mis à l'œuvre avec courage. Nous avons cru qu'il fallait au trône
de Jérusalem un roi pieux envers le Seigneur, brave dans les combats, prudent dans
les conseils, charitable envers les pauvres,
magnanime envers les vaincus, simple et bon
avec les petits, juste envers tous, un roi dont
la vie pure fût un exemple pour tous, dont la
gloire fût l'honneur du monde chrétien.

» Ce roi, nous l'avons désigné d'une commune voix ; un même nom est sorti au même instant de notre bouche. Dans cette miraculeuse unanimité, nous avons reconnu la volonté divine.

» C'est pourquoi, pieux évêques, nobles princes, braves chevaliers, peuple chrétien, nous élevons à la dignité royale, le pieux, le noble, le brave Godefroid de Bouillon.

» Aussitôt des acclamations enthousiastes firent trembler les voûtes du temple, car depuis longtemps ce choix était fait par tous les cœurs. »

Godefroid, pâle, ému, était tombé à genoux sur les dalles du temple. Un combat violent se livrait dans son âme. Il était partagé entre le désir de se dévouer à ce peuple naissant et la crainte de la responsabilité terrible qu'il allait assumer sur sa tête, des difficultés sans nombre qu'il allait avoir à surmonter. Aucune idée d'orgueil ou de triomphe ne se mêla à ses plus secrètes pensées. Enfin, la voix du dévouement fut la plus forte. Il se leva, se tourna vers la noble assistance et dit d'une voix ferme, en levant la main vers le tombeau de Jésus-Christ :

— Seigneurs, j'accepte l'honneur insigne que vous m'accordez aujourd'hui ; sur ce marbre béni qui renferma tout l'espoir des hommes, je jure de ne jamais faillir volontairement à ma mission, de consacrer mes forces, mon expérience, mon cœur et ma vie au bonheur d'un peuple dont, avant tout, je veux être le père.

A ces mots, l'enthousiasme devint du délire ; une foule de chevaliers s'élancèrent vers Godefroid et le portèrent en triomphe devant le patriarche qui tenait en mains la splendide couronne royale.

Quand Godefroid agenouillé vit le vieillard prêt à lui ceindre le diadème précieux, une douleur profonde le saisit ; prenant respectueusement la couronne des mains du pontife, il s'écria :

— Qu'allions-nous faire, messires ! Laissez-moi déposer cet ornement royal en offrande devant l'humble Jésus de Nazareth. Non, jamais mon front ne portera une couronne d'or là où le Christ a porté une couronne d'épines![1]

Ces paroles si pleines d'humilité, de sagesse et de foi, prouvèrent à l'assistance que le prince belge était réellement le plus digne de régner sur Jérusalem.

(1) Paroles historiques.

Et, en effet, à peine un peu de calme se
fut-il établi dans ses Etats, que le nouveau
roi songea à formuler des lois capables de
leur donner une existence solide et durable.
Pour y parvenir, les plus savants et les plus
sages des croisés furent convoqués. Chaque
nation de la Palestine dut fournir le détail
des coutumes de son pays. De ces documents
divers, Godefroid et son conseil formèrent le
premier code législatif connu au moyen âge,
ces lois qui ont ajouté une palme de plus à
la gloire du duc de Bouillon et qui sont deve-
nues si célèbres sous le nom d'*Assises de
Jérusalem*.

La prise de la ville sainte avait frappé de
terreur les infidèles ; mais, après quelque
temps et à la voix de leurs chefs, ils se réso-
lurent à tenter un dernier effort. Trois cent
mille Egyptiens, commandés par le vizir
Afdal, se mirent en marche afin d'enlever
aux chrétiens leur conquête ; mais Godefroid
ne se laissa point surprendre : il rassemble
les princes, fait taire les divisions qui avaient
éclaté entre eux, triomphe des répugnances
de quelques-uns, et, au lieu d'attendre les
ennemis derrière les murs de Jérusalem, il
va les chercher jusque dans les plaines
d'Ascalon. Là s'accomplit encore une fois

un de ces faits presque incroyables dont
cette guerre de géants offrit si souvent le
spectacle : 300,000 musulmans taillés en
pièces par 20,000 Européens, la foi et le
courage l'emportant sur une pareille multitude. Aussi, l'islamisme disparut-il de ces
contrées devant la croix victorieuse. La sou-
mission d'Arzuf, les demandes d'alliance et
de paix, faites par les émirs de Césarée,
d'Ascalon et de Ptolémaïs, vinrent fortifier
le royaume naissant et augmenter la renommée de Godefroid.

Mais l'esprit du mal veillait. Puisque des
myriades de soldats musulmans ne pouvaient
vaincre une poignée de chevaliers chrétiens,
il ne restait aux ennemis de la foi qu'une
seule ressource , la plus basse , la plus
odieuse, la plus infâme de toutes : la trahi-
son! Le noble Godefroid était considéré
comme le bouclier de l'armée, comme l'étendard de la foi; lui tombé, on espérait avoir
facilement raison du reste. La haine fut
dissimulée par le sourire , la vengeance
cachée sous les marques d'estime et d'admiration. L'émir de Césarée offrit un banquet
splendide à Godefroid, alors que ce prince
revenait d'une expédition contre le territoire
de Damas. Le roi de Jérusalem, qui, dans

son élévation, avait conservé les plus humbles habitudes, auquel un sac de paille servait de siége, qui se distinguait entre tous par la simplicité de ses vêtements, par la sobriété et la frugalité de sa vie, le roi n'accepta qu'une pomme de cèdre. Mais cela suffisait aux desseins de ses ennemis : un poison lent, mais sûr, était renfermé dans ce fruit perfide, et l'émir de Césarée, au mépris de toutes les lois de l'hospitalité, voua son hôte à la mort après l'avoir reçu à sa table ; rapprochement glorieux que le pieux Godefroid eut avec son divin maître, que Judas livra par un baiser.

A peine le roi eut-il fait quelques pas en quittant l'émir, qu'une faiblesse mortelle parcourut ses membres ; une pâleur livide se répandit sur ses traits : il fut forcé de descendre de cheval et de se faire porter jusqu'à Jaffa ; là, il sentit que son heure était proche et ordonna qu'on le transportât à Jérusalem. La triste nouvelle de sa maladie parcourut vite les différentes parties de la Palestine ; aussitôt accoururent les chevaliers qui avaient partagé ses travaux et sa gloire ; les églises devinrent trop petites pour contenir les fidèles qui venaient supplier le Ciel de leur conserver un prince aussi parfait. Hélas! le Seigneur en avait décidé autrement : le 17 août de l'année 1100, Godefroid de Bouillon expira.

Alors un voile de deuil descendit sur Jérusalem : les gémissements éclatèrent de toutes parts, la consternation remplit les cœurs. Et quand le corps du prince fut enterré au pied du Calvaire, quand tout ce qui restait du modèle des rois, des chevaliers et des chrétiens disparut aux yeux de la multitude éplorée, on eût dit que l'âme qui venait de partir avait emporté avec elle le bonheur de tout ce peuple. L'hommage le plus éclatant rendu aux mânes de Godefroid, ce furent les pleurs des Sarrasins eux-mêmes qui n'avaient trouvé dans leur roi chrétien que bonté, charité et justice.

Avec le scalpel même qui allait sonder le grand mystère, je fis avec foi et amour le signe de la croix, et invulnérable alors, je commençai.

ANDRÉ VÉSALE.

GONTHIER D'ANDERNACH [1] A M. FERNEL [2], MÉDECIN.

Paris, juin 1534.

Monsieur et cher confrère,

Depuis que vous avez quitté la cour, j'ai perdu une grande consolation : celle de communiquer avec un homme aussi savant et aussi judicieux que vous. Ce m'est une grande privation, d'autant plus que de pareilles qualités sont rares.

Vous me demandez des détails sur mon cours et mes élèves. Je suis content de l'un et des autres ; nous sommes encore deux à l'université qui professons la médecine et la

(1) J. Gonthier, anatomiste, célèbre médecin de François 1er. Andernach, 1487 ; Strasbourg, 1574.

(2) J. Fernel, premier médecin de Henri II, Clermont (Beauvoisis), 1497-1558.

chirurgie : Jacques Dubois, dit Sylvius, et
moi. Nos élèves sont nombreux ; parmi eux
se distingue un jeune homme que j'ai pris en
affection et que je crois destiné à nous sur-
passer tous. Il a nom André Vésale ; il est
de Bruxelles, et, depuis plusieurs généra-
tions, ses aïeux ont pratiqué la médecine : son
père était pharmacien de la gouvernante des
Pays-Bas, Madame Marguerite, et il a conservé cette charge à la cour ; c'est un homme
instruit et très-honorable. Le jeune Vésale
n'a que vingt ans, et déjà son savoir est pro-
digieux ; il possède le latin, le grec et l'arabe
en perfection. Je ne pense pas qu'aucun de
nous ait encore quelque chose à lui appren-
dre en médecine ; mais c'est surtout vers
l'anatomie que son goût le porte avec passion. Après avoir terminé ses études à Louvain, il passa quelque temps à l'école de
Montpellier dont vous connaissez la renommée ; mais il s'aperçut bientôt que Paris était
le centre où il aurait le mieux trouvé à satis-
faire son désir de savoir, et il s'est établi sur
nos bancs. Jamais je n'ai vu d'ardeur pareille ; quand nos leçons sont finies, il retourne à l'amphithéâtre avec ceux de ses
condisciples qui veulent bien le suivre ; là,
il répète nos instructions, et, je le dis avec

franchise, il relève des erreurs accréditées
depuis des siècles. Rien n'arrête cet enfant
que le génie inspire ; le cimetière des Inno-
cents et le gibet de Montfaucon le voient
souvent disputant aux corbeaux leur proie
déjà corrompue. Je le répète, Vésale ira loin.
Je me suis attaché à lui autant à cause de son
caractère que de ses talents : son but, en tra-
vaillant, est le bien-être de l'humanité ; il n'a
point d'orgueil, et il est plein de reconnaissance pour ceux qui ont guidé ses premiers
pas dans la science. Il a beaucoup entendu
vanter votre savoir, et aussitôt que vous re-
prendrez votre cours à l'université, il est
bien d'intention de le suivre assidûment. Je
vous le recommande instamment, mon cher
Fernel, bien certain que vous aurez le plus
grand plaisir à le voir et à l'entendre parler.

. . . .

ANDRE VÉSALE A SON PÈRE.

Louvain, 1ᵉʳ janvier 1535.

Mon cher père,

C'est moi que vous attendiez, et au lieu
de votre fils, voici qu'il ne vous arrive qu'une

lettre ; j'aurais pourtant bien aimé vous embrasser tendrement aujourd'hui et vous dire moi-même tous les bons et beaux souhaits qui sortent de mon cœur pour vous, car voici une nouvelle année qui commence, et il y a fête dans les familles bien unies comme la nôtre. Depuis hier, vous l'êtes-vous rappelé, j'ai vingt et un ans acomplis ; et quand je rentre en moi, j'ai des pensées si graves, si éloignées de la jeunesse et du plaisir, qu'il me semble avoir l'esprit d'un vieillard.

Qu'il y a longtemps que je ne vous ai plus écrit une de ces bonnes lettres où je repasse avec vous une partie de ma vie ! Quelques lignes d'affaires ou d'amitié, voilà tout ce que cet impitoyable temps me permettait de faire.

Mais aujourd'hui, chacun festoie, les métiers chôment, les élèvent prennent vacance, et moi aussi. Puisqu'un froid violent me tient ici et m'empêche d'aller manger ma part du gâteau de famille, je ne puis me consoler qu'en passant mes heures libres à causer longuement avec mon excellent père.

J'ai quitté avec peine mon bon maître Gonthier d'Andernach, à Paris. Les bancs de cette école célèbre étaient précieux pour moi : mais cette vilaine guerre entre notre empereur Charles et le roi François Ier est venue nous disperser, et me voici installé à Louvain depuis quelques mois. Il s'y est passé un des grands événements de ma vie, que je veux vous raconter avec quelques détails.

L'étude de la médecine est négligée ici et les professeurs fort peu considérés ; malgré cela, je résolus de faire sur ce théâtre un peu étroit mon premier pas dans le domaine de la science publique.

Depuis quelque temps, mon cher père, une idée fixe s'est mise dans mon esprit, et quoi que je fasse, elle s'y tient obstinément. Ce n'est point orgueil, je vous jure, c'est pressentiment de la vérité. Ne vous effrayez pas de ce que je vais vous dire, et songez que le cœur d'un fils doit pouvoir s'ouvrir entièrement à celui de son père.

Je crois donc être certain que dans les démonstrations faites jusqu'à présent en anatomie, il s'est glissé de grandes fautes. Déjà j'en ai trouvé, et j'en trouverai encore ; j'ai donc résolu de donner à Louvain un cours public et d'y enseigner la structure humaine, les preuves à la main. C'était hardi avec les idées si étroites de nos jours, avec cette

apparence de sacrilége que l'on veut donner
à ma belle science.

Mais je suis jeune : je ne me décourageai
point, et je réussis. J'obtins la permission
d'ouvrir le cours public : il me restait à me
procurer un squelette. Là était la grande
difficulté : chacun de ceux à qui je m'adres-
sais se signait avec effroi à mes paroles ; je
n'avais plus de ressource qu'en moi-même
et en mon fidèle ami Gemma, et à deux nous
nous mîmes à nous creuser la tête pour
trouver cet introuvable squelette. Le Ciel,
protecteur des bonnes intentions, vint à notre
aide.

Un jour, en devisant philosophiquement,
nous arrivons dans le triste champ où la
justice humaine exécute ses sentences ; soudain, en levant les yeux, je jette un cri de
joie et je montre à Gemma un superbe squelette de pendu que les corbeaux s'étaient
chargés de disséquer aussi complètement
que possible. La terrible potence, la mâchoire
grimaçante du supplicié, la crainte d'être
surpris par la sévère police, rien ne nous
arrête ; nous approchons..... Mais, hélas ! en
vain je tends mes mains vers l'objet de mon
envie ; une hauteur d'homme m'en sépare, et
l'affreux squelette, balancé par le vent, sem-

ble se rire de mes efforts. C'est en ce moment que j'appréciai l'utilité d'un compagnon de route ; la tête mathématicienne de Gemma a vite résolu le problème : il s'adosse au gibet, se courbe légèrement et me montre son dos en m'engageant à le prendre pour échelle ; je ne me fais pas prier, et me voilà sur les épaules de mon ami, me tenant d'une main au fatal poteau, et tirant de l'autre, afin de m'approprier cette proie d'un nouveau genre. Je réussis à détacher la partie inférieure du corps : le reste résiste malgré des efforts désespérés ; enfin, après réflexion, je me contente pour le moment de ce que j'ai, et, aidé de Gemma, je vais l'enterrer à quelque distance pour le retrouver quand la nuit aura éloigné les importuns. Le soir arrive ; je me munis d'un sac, et, seul cette fois, je prends bravement le chemin du champ des condamnés. C'était une vraie nuit de décembre, avec des tourbillons de neige, des rafales de vent, une obscurité profonde. Il y avait de quoi effrayer des braves ; mais moi je ne pense qu'à ce bienheureux squelette ; je ne sens ni le vent, ni la neige, et grâce à une petite lanterne, je me garde des fondrières qui me paraissent le danger le plus réel.

J'arrive enfin, et je retrouve assez facilement la grosse pierre sous une saillie de laquelle j'avais enfoui mon trésor; mais la pensée que je ne le possède pas entier ne me quitte pas : cette pensée devient si impérieuse que j'arrive sans m'en douter au pied du gibet où j'aperçois le reste des os blanchis. Ils m'attirent comme de l'aimant; je n'y résiste plus. Malgré le vent qui me fouette le visage, malgré la neige qui m'aveugle par moment, malgré le bruit sec et sinistre des ossements qui s'entrechoquent, je me décide à tenter la conquête que je médite. Je pose ma lanterne et mon sac au pied du gibet, et saisissant le poteau des deux mains, m'aidant de quelques aspérités, me voilà grimpant le long de cet arbre que l'on peut à bon droit appeler l'arbre de mort. Après quelques essais infructueux, et sans perdre courage, je m'élance de nouveau, et enfin j'arrive à saisir la partie si fatale aux misérables condamnés ; je me soutiens d'une main, de l'autre je parviens enfin à saisir ce que je désirais avec la passion d'un avare qui convoite un amas d'or.

Mon précieux butin arriva à bon port, et le lendemain je montrai avec orgueil à Gemma étonné, mon squelette entier qui grimaçait dans mon cabinet d'étude.

Ce fut un grand jour que celui de la première démonstration publique que je fis à l'université ; jamais on n'avait assisté à l'exhibition d'un squelette, jamais on n'avait entendu de leçon donnée sur les restes d'un homme. Aussi l'assistance fut-elle nombreuse, et, je dois le dire, le succès fut complet.

Depuis, les bancs de l'école n'ont plus été dégarnis, et peut-être cette branche des sciences prendra-t-elle ici la splendeur qui lui manque.

J'ai reçu une lettre de mon maître Gonthier qui me félicite de mon succès ; je vous l'envoie avec la mienne. Puissent-elles toutes deux, cher père, vous trouver en bonne et excellente santé !

Recevez les tendres embrassements de votre respectueux fils.

P. S. J'allais fermer ma lettre, quand je reçois à l'instant les marques d'une bien grande faveur. L'empereur Charles, notre maître, m'appelle auprès de lui et m'attache à ses armées en qualité de médecin-chirurgien. Je vous verrai sous peu, cher père, avant de prendre possession de mon nouvel emploi.

EUSTACHIE[1] A GONTHIER D'ANDERNACH.

Rome, juin 1537.

J'ai l'honneur de vous mander que votre
favori, le jeune Vésale, cause une véritable
révolution en Italie. Vous me l'aviez tant
vanté que j'ai voulu le voir dès son arrivée.
Je ne nie pas qu'il ait du talent, mais n'ayant
presque pas de barbe au visage, il a l'air de
vouloir en savoir plus que les têtes grises ;
non pas pourtant qu'il soit orgueilleux dans
ses expressions, mais au fond il est en désac-
cord avec notre système pour y substituer
le sien. A peine a-t-il eu mis le pied en Italie,
que, sa renommée le précédant, les élèves
ont fourmillé autour de lui ; nos bancs ont
été désertés, et certes c'est la nouveauté qui
en est cause. Les hommes se laisseront donc
toujours tenter par là !

Ses leçons eurent un éclat extraordinaire,
et malgré l'opposition de nos idées, je dois
convenir qu'il y a quelque chose de beau à
voir un jeune homme de cet âge (il n'a guère
que vingt-trois ans) posséder autant d'éru-

(1) Barth. Eustachi, anatomiste-médecin. San Severino
(Marche d'Ancône), 1510-1574.

dition, se dévouer avec un pareil enthousiasme au perfectionnement d'une science
qui intéresse l'humanité entière, et forcer
jusqu'aux professeurs vieillis dans le métier
à venir écouter ses dissertations. Mais il y a
loin de là, pour moi, à lui donner raison.

Il trouve beaucoup de partisans et beaucoup de protecteurs ici. La chaire d'anatomie
à Padoue était vacante; malgré la jeunesse
de Vésale, malgré son titre d'étranger, qui
en toute justice aurait dû arrêter les séna-
teurs vénitiens, on vient de lui donner cette
place que plus d'un de mes compatriotes
enviait. Voilà, monsieur Gonthier, les détails
que je puis vous donner sur Vésale; vous
voyez que, quoique je lui rende justice, je
ne partage point tout à fait ses idées, et je
me propose même de publier là-dessus des
notes que j'ai déjà commencées. . . . .

. . . .

ANDRÉ VÉSALE A SON PÈRE.

Padoue, juin 1543.

Enfin, mon cher père, mon œuvre est
totalement finie! La voilà devant moi, reliée
en fin cuir, la tranche bien rouge, et sur le

dos, en belles lettres dorées, ces mots qui me
font tressaillir de joie : *De corporis humani
fabrica*[1].

Voilà six ans que je mis la main à l'œuvre
pour la première fois, et vous savez encore
comment l'idée première d'un aussi gigan-
tesque travail m'est venue. J'aime à me
reporter à cette époque, j'aime à me rappeler
tout ce qui a rapport à cette œuvre de prédi-
lection.

Le médecin de Pergame, le fameux Galien,
avait alors toute mon admiration ; c'était
l'arche sainte pour les anatomistes, pour moi
comme pour les autres. J'arrive en Italie ;
l'esprit éclairé des souverains de cette terre
de génie me permet enfin de sonder la nature
sur des cadavres humains. Au fond de mon
habitation, il y a une chambre basse, dallée,
aux murs de pierre et recevant le jour par le
haut ; là je fais placer au milieu une table
de marbre. Un soir, on frappe à ma porte ;
je vais ouvrir moi-même. Je vois un homme
à figure repoussante, aux membres hercu-
léens et portant, enveloppé d'un drap blanc,
un fardeau singulier. Je lui fais signe d'entrer et de me suivre : il obéit. Nous arrivons,

(1) Anatomie du corps humain.

silencieux, à la chambre de pierre et je lui
fais déposer son mystérieux fardeau sur la
table de marbre. Quand le hideux personnage a reçu quelques pièces d'argent, il me
quitte en me regardant avec un certain
effroi qu'il éprouve sans doute pour la première fois dans sa vie, car cet homme est le
bourreau, et il vient de m'apporter le corps
d'un malfaiteur, pendu la veille.

Mais je retourne à ma chambre isolée ; je
referme la porte sur moi et je reste seul avec
le cadavre. Alors il se passe en moi quelque
chose d'étrange : j'avais débarrassé le corps
de son linceul, je possédais enfin ce que je
désirais depuis si longtemps, et pourtant, le
scalpel à la main, je n'osai commencer mon
essai téméraire. Alors me revinrent en foule
les malédictions de tous les peuples contre
les profanateurs de la mort; alors passèrent
devant mes yeux des fantômes menaçants :
une horreur indicible fit couler de mon front
une sueur froide et un doute terrible se
dressa devant moi. N'allais-je pas commettre
un crime? Déjà le découragement se glissait
en mon âme, déjà ma main retombait sans
énergie à mon côté, déjà j'étais sur le point
de renoncer à mes rêves de science et de
gloire.

Mes yeux jusqu'alors tournés vers la terre
se levèrent, et je fus sauvé ; au-dessus de la
tête du cadavre, adossé au mur, était un
grand crucifix sculpté dans la pierre.

Merci, père, vous qui m'apprîtes à prier ;
c'est à ce crucifix, seul témoin des luttes de
mon cœur, que je m'adressai.

— Christ, lui dis-je, lumière du monde,
toi qui connais les plus secrètes pensées des
hommes, viens à mon secours. Tu sais que
ce n'est pas l'orgueil, une curiosité sacrilége
qui m'inspirent. Le seul désir, mais le désir
ardent de soulager l'humanité en recher-
chant les causes de ses maux, me conduit
ici. O Christ, apaise ma conscience, chasse
les fantômes qui me poursuivent, donne-
moi la force de résister à l'horreur que
j'éprouve et de secouer ces préjugés antiques que la religion bien comprise ne sau-
rait partager.

Ma prière fut ardente ; elle sortit de mon
cœur en même temps que de mes lèvres ; elle
fut exaucée.

Les vaines terreurs, le doute, la répulsion,
tout disparut à mes yeux ; je ne vis plus
que le but sacré du bien de mes frères. Ma
main se releva : avec le scalpel même qui
allait sonder le grand mystère, je fis avec foi

et amour le signe de la croix, et, invulnérable alors, je commençai.[1]

Mais à mesure que ma tâche avançait, la
lumière arrivait à mon esprit. Les erreurs
de Galien apparaissaient en foule ; j'acquis
la certitude qu'il n'avait opéré que sur les
cadavres d'animaux, et, que dans cette admi-
rable science de l'anatomie, tout était encore
à faire. Dès cette nuit-là mon parti fut pris ;
je résolus d'entreprendre l'immense tâche de
décrire et d'analyser le corps humain. L'utilité, la grandeur de mon but me cachèrent
les difficultés de l'exécution ; espérant dans
le secours de celui qui m'avait déjà si puis-
samment aidé, j'eus confiance dans le succès.
C'est ainsi, père, que mon livre fut conçu.
Le lendemain je le commençai, et toutes les
heures de liberté que mes cours me laissèrent
lui furent consacrées.

Maintenant, comment le monde le recevra-
t-il ? Puissé-je être payé de mes travaux par
un peu de reconnaissance !

Mais je ne dois pas m'y attendre, car mon
œuvre attaque Galien, à qui personne n'osa

(1) Ces lignes m'ont été inspirées à la vue du beau
tableau de M. Hamman, exposé à Bruxelles en 1848, et
reproduit par la lithographie d'abord et la gravure ensuite.

toucher jusqu'à présent ; elle renverse toutes
les réputations en faveur de nos jours, con-
fond nos plus habiles professeurs, détruit
leurs ouvrages et porte une atteinte mortelle
à leur célébrité. Quand pardonnera-t-on jamais une telle hardiesse, quand même elle
sauverait la moitié du monde !

Vous aurez sans doute déjà reçu l'exem-
plaire de choix destiné à l'empereur, à qui
mon livre est dédié ; je compte que vous le
lui remettrez au plus tôt. Vous me verrez
peu de temps après cette lettre ; rien ne me
retient plus ici que quelques arrangements
de peu d'importance. Je serai bien joyeux de
vous embrasser enfin et de prendre auprès
de l'empereur la place qu'il m'y a offerte.

Votre respectueux fils,

ANDRÉ.

SYLVIUS[1] AU PROFESSEUR EUSTACHI, A ROME.

Paris, 1544.

Mon jeune ami,

Je viens de terminer un écrit où j'ai dé-
versé tout ce qui me remplit le cœur sur ce

(1) Jac. Dubois ou Delboë dit Silvius, médecin. Amiens.
1458-1555.

fameux ouvrage du petit Vésale ; je vous envoie ma brochure qui a pour titre : *Sylvius Væsani calumnias depulsandus*. Vous trouverez peut-être qu'il y a beaucoup de fiel dans ces pages ; mais je n'aurais su faire autrement. Ce jeune novateur est, à mes yeux, un impie digne de l'exécration de l'Europe ; c'est un serpent que j'ai réchauffé dans mon sein, car, vous le savez, il a été mon élève ; les noms de fou et de sacrilége ne sont pas trop durs pour lui : comment a-t-il pu se faire écouter chez vous? Un obscur Belge d'une nation si petite, un enfant sans expérience oser en démontrer aux vieillards ! oser convaincre d'erreur notre immortel Galien, fouiller d'une main sacrilége dans les entrailles des cadavres ! Horreur ! horreur ! Je désire que les grands pouvoirs de ce monde viennent mettre un terme à ces monstrueuses profanations, ou que les cachots d'un hôpital de fous débarrassent à jamais le monde d'un pareil visionnaire.

J'attends de vous quelques mots sur mon pamphlet et vous salue cordialement.

SYLVIUS.

EUSTACHI A SYLVIUS.

Rome, 1544.

Illustre confrère,

Je réponds à votre lettre sur les écrits de
Vésale et à l'envoi de votre pamphlet. Comme
vous je suis l'antagoniste du contradicteur
de Galien, comme vous je désire sa défaite ;
mais, si notre but est le même, nos moyens
sont différents. Je prépare des matériaux
pour ouvrir incessamment une controverse
publique où, avec toute la science que de
longues études m'ont fait acquérir, j'espère
porter un coup mortel à la gloire de l'anatomiste bruxellois.

Je crains que la douleur de voir Galien,
votre idole et un peu la mienne aussi,
ébranlé sur son piédestal séculaire, ne vous
ait mené un peu loin dans votre attaque.
Quelquefois l'exagération dépasse le but
qu'on veut atteindre, et, tout comme les
persécutions augmentaient autrefois le nombre des chrétiens, je crains que votre juge-
ment trop passionné ne donne à Vésale quelques centaines de disciples de plus. Je puis
me tromper pourtant ; pardonnez à votre
respectueux admirateur cette observation

qui ne tend qu'à une seule fin : celle de renverser plus sûrement celui que nous n'ai-
mons ni l'un ni l'autre. Puissions-nous réussir au plus tôt !

Je vous salue avec respect.   EUSTACHI.

VÉSALE A GONTHIER D'ANDERNACH.

Ratisbonne, 1544.

Mon cher et vénéré maître,

Que devez-vous penser de moi, qui suis
resté si longtemps sans vous écrire. Mais
vous me pardonneriez si vous saviez quelle
vie agitée est la mienne : me voilà arrivé à
trente ans et je n'ai encore fait que parcourir
l'Europe, de Belgique en France, de France
en Belgique, de Belgique en Italie, puis en
Suisse, en Allemagne, que sais-je, moi?
Jamais de repos, pensant, parlant, écrivant.
Sans avoir leur mérite, je ressemble un peu
aux apôtres : j'ai aussi une nouvelle doctrine
que je vais prêchant partout et que je vois
accueillie avec des chances diverses ; seulement, les apôtres s'adressaient à l'âme, et
moi je n'en veux qu'au corps.

Ma dernière lettre qui vous est parvenue
était datée de Bruxelles ; je venais d'y arri-

ver après la publication de mon *Anatomic*.
Heureux de retrouver mon excellent père, je
comptais m'y reposer enfin dans les joies du
foyer. Peu après mon retour, je fus présenté
dans la famille Van Hamme, dont le chef est
conseiller et maître de la chambre des comp-
tes à Bruxelles : il paraît que je tombais là au
milieu de mes grands admirateurs ; l'amitié
que l'empereur me témoigne, sa constante
protection, me tinrent lieu auprès de cette
honorable famille de rang et de fortune, et,
après peu de mois de connaissance, je devins
l'époux d'Anne Van Hamme. Je rêvais un
intérieur calme, uni, une vie de repos phy-
sique mais d'études constantes, des journées
partagées entre le travail et le bonheur
domestique ; je rêvais tout cela, mais j'ou-
bliais Charles-Quint et sa gloire errante. A
peine installé, voilà un ordre de l'empereur
qui arrive. L'armée part pour la Gueldre, et
moi je dois marcher à sa suite, guérissant
les fièvres, coupant les bras, les jambes,
extrayant les balles. A Nimègue, je pus
séjourner quelque temps. Le légat du pape
y était fort malade, et je lui inspirai assez
de confiance pour qu'il me remît le soin de
sa guérison. J'eus le bonheur de réussir, et,
comme toujours, un seul succès pratique où

Dieu était plus maître que moi, me valut plus
de renommée que tous mes livres et mes longues années d'étude.

Il est inutile de vous raconter les tempêtes
que l'apparition de mon livre sur l'anatomie
a soulevées en Europe : vous êtes au courant
de tout. Sans doute les infâmes calomnies,
les grossières injures de mon ancien maître
Sylvius vous attristent autant que moi : il
me traite de fou, d'impie ; il prétend que l'on
a anatomisé, disséqué bien avant moi, que
je ne suis qu'un copiste servile, un novateur
plein d'orgueil. Cette manière de me combattre me peine, mais elle ne m'effraie point ;
je suis décidé à ne pas y répondre, certain
que le bon sens public fera justice d'attaques
aussi passionnées.

Mon élève et ami, Fallope, ne dément pas,
lui, son noble caractère ; ce jeune et déjà si
grand génie, m'écrit qu'il n'est pas en tous
points d'accord avec moi et qu'il se propose
de publier ses opinions. Mais quelle modestie, quelle reconnaissance, quelle affection
pour moi qui, dit-il, lui ai appris tout ce qu'il
sait. De telles discussions me sont précieuses,
car je ne prétends pas être infaillible, et je
serai heureux de chaque pas nouveau que
fera ma science bien-aimée.

Le professeur Eustachi, de Rome, se propose, dit-on, d'ouvrir un cours public pour réfuter entièrement mon système ; je suis sûr que ce savant homme dira d'excellentes choses, mais je doute qu'il parvienne à convaincre son auditoire.

Me voici présentement à Ratisbonne, essuyant assez souvent les accès de vivacité de Charles-Quint qui ne parvient pas à se guérir d'une goutte intense, étudiant et décrivant les qualités sudorifiques de l'écorce de kina dont l'empereur a essayé sans succès, et attendant que l'humeur guerrière ou le bon plaisir de Sa Majesté m'envoie à l'autre bout du monde.

Je serais heureux, mon cher maître, de recevoir de vos nouvelles ; vous savez quel attachement je vous ai conservé et quelle estime m'inspirent vos remarquables travaux.

Votre tout dévoué élève,

ANDRÉ VÉSALE.

VÉSALE A GONTHIER.

Bruxelles, 1546.

Mon cher maître,

C'est un homme triste, déçu, découragé qui vous écrit aujourd'hui. Cela vous étonne après ce qui vous est revenu de mon dernier séjour en Italie; cet étonnement cessera quand je vous aurai tout dit.

La dernière lettre que je vous ai écrite était datée de Ratisbonne : à peine était-elle envoyée, que j'appris ce qui se passait à mon égard en Italie.

Les contradictions d'Eustachi menaçaient de ruiner ma réputation et mon système; l'opinion d'un homme aussi universellement reconnu pour érudit et plein de talent, pouvait à jamais détruire le fruit de mes longs travaux. Aussi je n'hésite pas : j'obtiens permission de l'empereur; je vole à Padoue où mes anciens élèves et mes amis me reçoivent à bras ouverts; j'annonce le but de ma venue; tous y applaudissent. Bientôt l'Italie entière apprend que Vésale vient lui-même défendre publiquement son œuvre, répondre à son adversaire et qu'il appelle à ce tribunal de la science tous ceux qui désirent et cherchent loyalement la vérité. Aucun ne manqua au rendez-vous; l'immense salle que la ville m'avait abandonnée était comble. Ce fut un des plus beaux jours de ma vie! Je me préparai par la prière à cette épreuve solennelle; Dieu de qui viennent toute science, tout talent, et à qui nous devons les rappor-

ter, Dieu donna à mes arguments la clarté,
à mes expressions la justesse, à mon accent
la conviction, à ma voix l'éloquence. Le
scalpel à la main, j'allai chercher, devant
cette multitude, les preuves de mes assertions
jusque dans les entrailles des cadavres que
le sénat m'avait fait remettre ; le succès fut
immense, inouï, décisif. Ah ! je l'avoue,
j'eus besoin ce jour-là de garder mon cœur
de l'enivrement du triomphe, et ce ne fut
encore qu'un prélude. Tour à tour Padoue,
Pise et Bologne m'ouvrirent les portes de
leurs universités pour y expliquer mon système et l'enseigner à leurs élèves.

Peut-être allais-je m'abandonner alors à
cette admiration de soi-même qui a conduit
tant d'âmes à leur perte, quand Dieu se
chargea de me rappeler que dans ce monde,
ainsi que le dit le texte sacré : *Vanité des
vanités, tout est vanité.* Cet ennemi que je
ne craignais point, ce Sylvius dont les absur-
des allégations ne faisaient naître en moi que
de la pitié, fut l'instrument dont le ciel se
servit pour me rappeler à l'humilité.

Il n'avait cessé un instant de poursuivre
mon nom de cent manières différentes. Lorsqu'il vit que ses attaques contre ma raison
ou la vérité de mon système ne parvenaient

pas au but qu'il voulait atteindre, il essaya d'une autre façon. Introduisant la foi et notre sainte religion dans nos querelles de savants, il ne cessa de répéter que mes recherches sur les cadavres sont impies et sacriléges; il invoqua les lois, les édits de siècles moins éclairés que le nôtre. Avec un courage, une persévérance dignes d'une meilleure cause, il ne cessa de déclamer jusqu'à ce que ses paroles eussent éveillé l'attention et effrayé quelques consciences délicates ou timorées.

Enfin l'orage grossit, et, l'envie aidant, il arriva jusqu'à Charles-Quint. C'est ici, mon cher maître, que commencent pour moi la tristesse et la déception.

Notre empereur, aux idées si larges, si pleines de génie, notre empereur qui m'avait toujours aimé et protégé, recula devant la responsabilité de décider seul en cette matière, et il ordonna une *enquête et au besoin la censure* de mon pauvre livre si cruellement attaqué. En ce moment mon livre est examiné par les théologiens de Salamanque à qui l'on demande s'il est permis à un chrétien d'ouvrir le corps humain.

Que vous dirai-je de plus, mon cher maître? A la première nouvelle de cette cruelle épreuve, je tombai dans un vrai désespoir. Etait-

ce là que devaient aboutir mes luttes et mes
veilles ! N'écoutant que mes sombres pensées,
je me rendis dans cette chambre de pierre
qui avait vu ma première grande dissection,
et, y rassemblant mes livres, mes manuscrits
auxquels j'avais travaillé avec tant d'amour
et de bonheur, je les livrai tous aux flammes,
ne voulant plus entendre parler d'une science
à laquelle j'avais consacré ma vie et qui, en
retour, me prenait mon honneur.

Maintenant je suis à Bruxelles ; je remplis
ma charge de médecin à la cour, n'étudiant
plus que pour moi-même, vivant dans l'obscurité et ne m'occupant que de ma chère et
unique enfant, ma belle petite Anne que
Dieu m'a envoyée pour me consoler dans mes
douloureuses tribulations. C'est grâce à cette
enfant que la paix est rentrée dans mon âme,
que j'ai pu sans trop de peine pardonner à
mes ennemis, ne conservant pas le moindre
fiel contre eux dans mon cœur. O saint
pouvoir de l'innocente enfance, ô force de
l'amour paternel ! Comment aurais-je pu
garder un cœur plein de sécheresse, de froi-
deur et de haine, sous les aimables caresses
de cette enfant pure, candide et tendre. Merci,
mon Dieu, qui me l'avez donnée, merci, de
m'avoir montré à temps le néant des gran-

deurs humaines. Et vous, mon cher maître, soyez béni de l'intérêt que vous prenez encore à un ami qui est pour vous rempli d'affection et de dévouement.

ANDRÉ VÉSALE.

ANDRÉ VÉSALE A GONTHIER D'ANDERNACH.

Madrid, 1563.

Depuis que mon excellent père est retourné dans le sein de Dieu, depuis que mon pauvre Fallope a également payé sa dette à la nature, il ne me reste plus que vous, mon vieil et excellent ami, à qui je puisse ouvrir mon âme. Et j'en ai besoin ici de temps en temps. Depuis que j'ai dû suivre en Espagne mon nouveau maître, le roi Philippe II, que d'amertumes ont abreuvé ma vie! Ce n'est pas que la faveur du monarque m'ait jamais manqué ; ce n'est pas que la considération publique m'ait jamais fait défaut, car depuis que les théologiens réunis de Salamanque ont déclaré mes travaux *licites puisqu'ils étaient utiles*, la calomnie s'est vue forcée au silence ; mais la faveur même de ce roi sombre ressemble à un jour sans soleil ; mais sous ces profonds saluts des

savants et des grands d'Espagne se cachent
mal la haine et l'envie. Ils ne m'ont point
pardonné la guérison de don Carlos, du fils
aîné du roi, alors que contre les avis de tous
les médecins d'ici, je pratiquai l'opération
cérébrale qui lui sauva la vie. Si j'avais
échoué, ils seraient peut-être devenus mes
amis : j'ai réussi, ils ne voient plus en moi
qu'un odieux rival. Ainsi sont les hommes.
Cette cour froide, sévère, cette étiquette
implacable, me glacent le sang. Si encore je
pouvais l'oublier dans mon cabinet d'études
et en revoyant mes travaux passés; mais,
hélas! pas d'études possibles ici ; pas de
distraction, rien qui m'aide dans ce que je
voudrais entreprendre. Je suis mort pour la
science et bientôt, je le crains, je serai mort
pour tout. Une insurmontable mélancolie
s'est emparée de moi; il me semble être dans
une étroite prison où mon esprit et mon
corps sont également comprimés : les souvenirs du passé, la tristesse du présent, les
appréhensions de l'avenir, m'accablent à la
fois. O ma chère et savante Belgique, tranquille patrie où vécut mon père et où s'écoula
ma studieuse jeunesse ! que ne suis-je encore
au milieu de vous, au milieu de mon vieux
et joyeux Bruxelles, libre et indépendant,

entouré de parents et d'amis? Ou bien encore, riche et brillante Italie, que ne puis-je revoir ton soleil de feu, tes villes splendides, théâtres de mes succès d'autrefois, foyers de science, où j'allais m'inspirer! Mais non, mon cher maître, votre pauvre Vésale est rivé à cette cour, la plus triste des cours du monde, là où le génie et les arts meurent en naissant, étouffés par la sombre contrainte qui pèse sur tous les fronts. Quelle influence bienfaisante me tirera d'ici?

. . . .

. . . .

VÉSALE A GONTHIER D'ANDERNACH.

Madrid, 1564.

Mon cher maître,

Ce n'est plus cette fois de la douleur que je vous offre, c'est une joie vive, immense, complète. Demain je quitte l'Espagne! Les voies de la Providence sont bien mystérieuses et l'homme qui voudrait les sonder est plus que téméraire. Voici comment Dieu est venu au secours de son serviteur :

La mélancolie qui me tourmentait depuis longtemps se changea enfin en maladie grave qui résista à tous les efforts de la science ; je ne quittais plus le lit ; une stupeur morne avait envahi tous mes sens ; je dépérissais de jour en jour et ma mort semblait proche à tous ceux qui m'entouraient.

Le roi paraissait s'intéresser à mon état ; un jour même il annonça qu'il viendrait me visiter dans l'appartement que j'occupais au palais. L'annonce de cette faveur me laissa froid et insensible : que peuvent sur un homme qui se sent mourir, les distinctions des grands de la terre ! Philippe II pourtant fut aussi affectueux que sa nature le comportait : il crut comme moi le mal incurable ; mais en me quittant il me dit de sa voix grave :

— Seigneur Vésale, là où les remèdes de la terre ont échoué, il ne reste plus que le recours du médecin suprême ; celui-là a fait bien d'autres cures que la vôtre : ne l'oubliez pas, et cherchez en votre âme par quel moyen vous pourriez obtenir sa protection.

J'inclinai la tête en signe d'assentiment : c'est tout ce que ma faiblesse me permettait de faire, et je restai seul.

De cette entrevue, il ne me restait qu'un souvenir, celui des dernières paroles du roi : chercher le moyen d'obtenir la protection de

Dieu. Tout à coup une pensée traversa mon esprit comme un éclair, et cette pensée fut telle qu'à l'instant même elle me rendit une partie de mes forces. Ce que n'avaient pu faire les ressources de l'art, les soins les plus intelligents, les plus soutenus, un seul rayon d'espoir, à peine entrevu, suffit pour le faire. Me levant aussitôt sur mon séant, j'appelai la garde qui me veillait, et je lui ordonnai d'une voix claire et ferme qui la stupéfia, de prier mon confesseur, un moine franciscain, de se rendre auprès de mon lit.

La pauvre femme crut que mon heure était venue et que, comme cela arrive assez souvent, la flamme de la vie jetait une dernière lueur avant de s'éteindre pour jamais. Elle obéit à mes ordres, et le moine se rendit immédiatement à mes désirs. Quand je fus seul avec lui, je pris la parole et lui dis :

— Mon père, le roi notre maître me quitte à l'instant et c'est à sa visite que je devrai probablement ma guérison.

La piété bien connue de Philippe m'a conseillé de chercher un moyen pour obtenir mon rétablissement de Dieu seul. Ce moyen, je crois l'avoir trouvé, à la force toute nouvelle qui circule dons mes veines.

J'ai donc promis à Dieu, en mon cœur, de me rendre à Jérusalem aussitôt que ma santé revenue m'en donnera le pouvoir ; de visiter, en reconnaissance de cette grâce, le tombeau sacré de mon Sauveur. Ce vœu, je désire le renouveler solennellement entre vos mains, mon père, afin qu'aucune raison humaine ne puisse m'en délier.

Le religieux approuva hautement ma détermination ; il me dicta la formule du vœu que je voulais faire et la reçut avec le cérémonial usité. Quand cet acte fut accompli, j'ajoutai :

— Maintenant, mon père, j'attends de vous un dernier service. Vous êtes reçu à toute heure auprès du roi ; comme c'est à lui que je dois la pensée première de mon vœu, je désire que vous l'en instruisiez dès aujourd'hui, persuadé que mon empressement à écouter ses conseils ne pourra que le charmer.

Le moine consentit facilement à ma demande, et moi je ne pensai plus qu'à me rétablir promptement. Ma convalescence marcha avec rapidité et bientôt ma guérison fut complète. Que ne peut la perspective de la liberté sur l'âme qui en a soif ! Je fus bientôt en état de partir ; mais, auparavant, il me fallait l'autorisation de mon maître que je

n'avais plus revu depuis sa visite à mon lit
de malade. Je demandai une audience, et je
l'obtins.

Quand j'arrivai près de Philippe II, je vis
une sombre contrainte sur tous ses traits ; je
ne m'effrayai point, car je devais m'y attendre. Le roi avait en mes talents de médecin
la plus entière confiance ; il comptait bien
me garder sa vie entière près de lui, et rien
n'aurait pu le décider à se séparer de moi, si
ce n'était sa scrupuleuse exactitude à obser-
ver tout ce qui avait trait à la religion.

— J'ai appris, me dit-il, par don Antonio,
votre confesseur le vœu solennel par lequel
vous vous êtes engagé à vous rendre en
Terre-Sainte. Je m'étonne que vous n'ayez
pas attendu ma volonté avant de disposer
ainsi de votre personne.

— Sire, lui dis-je humblement, c'est Votre
Majesté elle-même qui m'a inspiré mon vœu ;
le jour où vous êtes venu visiter votre
indigne serviteur, ne m'avez-vous pas conseillé d'avoir recours à la seule intervention
divine? Vos paroles ont été pour moi un trait
de lumière et je n'ai pas tardé un instant de
les mettre à profit. J'ai cru agir en sujet
fidèle et obéissant.

— Il suffit, dit le roi avec un air assez peu

convaincu de ma franchise ; le mal est fait, il est irréparable : ce qui est promis à Dieu doit se tenir et personne n'a le droit de l'empêcher. Partez, et malgré le déplaisir que me cause votre empressement à vous séparer de notre royale personne, je dois à la justice de vous dire que je n'ai jamais eu à me plaindre de vos services et que plus d'une fois votre science m'a été nécessaire et utile.

Je remerciai le roi, et, en le quittant, j'eus toute la peine du monde à lui cacher ma joie. Mon départ seul pouvait me sauver la vie, et ce n'est que devant un vœu solennel que le religieux Philippe II pouvait consentir à se séparer de moi.

Maintenant, me voilà entouré de coffres, de paquets et prêt à partir pour Cadix, où je m'embarque pour Venise. Je compte y séjourner un peu de temps avant de prendre la route de Jérusalem.

Soyez assuré, mon cher maître, que je vous tiendrai au courant des principaux événements de ma vie, ainsi que je l'ai fait jusqu'à présent. J'ai même la pensée de faire un petit journal à votre intention ; le voyage que je vais faire le rendra peut-être intéressant, et je vous l'enverrai aussitôt mon retour de Palestine. Si votre âge et vos infirmités vous permettent de m'écrire, ce sera un bien grand bonheur pour moi.

Je vous salue avec respect et affection.

ANDRÉ VÉSALE.

————

PIETRO MAFFEI[1], ORFÈVRE DE PISE, A GÜNTHIER D'ANDERNACH, A STRASBOURG.

Ile de Zante, 26 octobre 1564.

Monsieur,

Vous ne me connaissez point, jamais vous n'avez entendu prononcer mon nom; il n'y a là rien d'étonnant, car je porte un nom fort obscur, et le voyage que j'ai entrepris pour mes affaires est le premier de ma vie.

Je dois donc vous donner brièvement quelques détails avant d'arriver au triste événement dont je veux vous rendre compte.

Je m'appelle Pietro Maffei, je suis orfèvre à Pise; une commande importante m'ayant été faite, il y a quelques mois, et plusieurs pierres précieuses me manquant pour l'exécuter, je résolus d'aller les chercher moi-même en Asie pour les avoir telles que je les

(1) Aucun document ne renfermant le nom de l'orfèvre dont il est ici question, j'ai cru pouvoir lui donner un nom de fantaisie.

désirais. Ayant réussi dans mon expédition, je revenais vers mon pays, quand des vents contraires nous obligèrent hier de nous arrêter à l'île de Zante.

Nous avions aperçu à quelque distance de nous un navire luttant contre la tempête et qui, plus d'une fois, nous avait paru en danger de périr. Arrivés dans la rade méridionale où le capitaine comptait séjourner quelques jours, plusieurs d'entre nous se firent débarquer afin de parcourir le sol pittoresque de cette belle île. J'étais du nombre. La tempête avait cessé; un ciel calme et bleu avait remplacé les nuées menaçantes qui, la veille, nous avaient apporté les vents et le tonnerre; je me mis à parcourir avec délices ce sol couvert d'une si riche végétation.

Peu à peu, je m'aventurai loin des endroits habités, et j'arrivai dans des terres plus arides où le sol volcanique brûlait la végétation naissante et où les rochers remplaçaient les riches collines; mes pensées recevaient l'impression des objets extérieurs et devenaient plus sombres à mesure que l'aspect de la nature me paraissait plus désolé. Je songeais à ce navire en péril dont nous avions perdu la trace et dont nous n'avions **trouvé** aucun vestige, quand, tout à coup, des débris frap-

pèrent mes yeux ; j'avais longé le bord de la
mer et elle venait baigner le roc à peu de
distance. Je m'approchai, et j'acquis la certitude qu'un naufrage récent avait eu lieu
devant cette partie de l'île. C'est en vain que
je regardai au loin pour découvrir quelque
malheureux échappé au désastre ; sans doute,
ils avaient tous péri. Une grande roche noire
se dressait devant moi ; je résolus de la tour-
ner, afin de trouver quelque indice. Hélas !
mes prévisions ne me trompaient point.
Etendu dans une anfractuosité du rocher qui
formait une espèce de réduit fort étroit,
gisait un homme couvert de longs vêtements encore trempés de l'eau de la mer. Je
m'approchai, je mis la main sur son cœur :
ce n'était plus qu'un cadavre ! J'écartai alors
les longs cheveux qui lui cachaient le visage.
Que devins-je quand je reconnus en lui un
homme que j'avais aimé, que j'avais cent
fois écouté avec admiration, à Pise, dans des
temps déjà éloignés !

Comment se trouvait-il là, sur ce bord
désolé ? Sans doute, il montait le navire que
nous avions vu ballotté par la tempête ; et
ce génie immortel, celui dont le nom avait
retenti d'un bout de l'Europe à l'autre, André
Vésale enfin, était venu mourir là, miséra-

ble, isolé, sans secours, sans un dernier mot
de consolation !

Une de ses mains étreignait un portefeuille : c'est tout ce qu'il avait sans doute
essayé de sauver avec lui ; je m'en emparai,
croyant que peut-être je trouverais là quelque dernière volonté à exécuter.

Je revins au village qui entoure la rade, et
j'envoyai chercher le corps de mon malheureux ami : la chaumière d'un brave paysan
le reçut ; il fut convenu qu'on l'enterrerait
le lendemain. Cette lugubre nuit pendant
laquelle sa dépouille resta encore sur la
terre, cette nuit, je voulus la passer près de
lui, et je considérai comme un bonheur de
veiller l'un des plus grands génies du monde.

C'est à côté de son corps inanimé, seul,
dans le silence de la nuit, éclairé par un pâle
flambeau, que j'examinai ce portefeuille,
sainte relique que je vénérais de toute mon
âme. Il ne renfermait qu'un petit nombre
de feuillets écrits de sa main, dont quelques-
uns avaient été complétement effacés par
l'eau de la mer et dont le reste, encore
humide, allait subir le même sort. Ils étaient
adressés au seigneur Gonthier d'Andernach,
ancien professeur d'anatomie et de médecine
à l'université de Paris, maintenant à Stras-

bourg. Si j'ai violé le secret de ces pages, monsieur, c'est afin de vous les conserver ; encore un jour peut-être, et il n'en serait rien resté. Je pris donc sur moi de copier tout ce qui était encore lisible, et ce sont ces derniers souvenirs de notre ami commun que je vais vous retracer.

Venise, 16 mai 1564.

Je suis heureusement débarqué à Venise ; j'ai revu mes amis, beaucoup d'anciens élèves : j'ai annoncé le voyage que j'allais faire ; on s'est récrié sur sa difficulté et ses dangers, mais rien ne m'arrêtera. Une promesse est sacrée. Dieu m'a rendu la liberté et je ne serai pas un ingrat.

20 mai.

Décidément, la Providence vient à mon secours pour me faciliter mon voyage à Jérusalem. Malatesta, général de la République, s'embarque dans huit jours pour Chypre ; il me prendra à son bord.

27 mai.

Au revoir, Italie, à bientôt ; j'ai promis de revenir et l'on a appris à compter sur les, promesses de Vésale. Le ciel est admirablement bleu, l'air est calme, tout présage une bonne traversée.

...juin.

.   .   .   .   .   . Je quitte enfin Chypre et je vais me diriger vers Jérusalem.

...juin.

Plus j'approche de la cité sainte, plus mes pensées se détachent de la terre, plus je pense au noble but de mon pèlerinage ; il semble que, pareille au creuset qui purifie l'or, Jérusalem sanctifie l'âme qui vient se retremper à ses divins souvenirs. Combien tout ce que j'ai fait dans le monde jusqu'à présent me paraît dépourvu de ce qu'il faut pour plaire à l'Eternel ! Quand je reprendrai mes travaux, je me propose fermement de rapporter tout à Dieu, de n'avoir que lui pour moyen et pour but.

(Ici manquent quelques feuillets.)

...septembre.

.   .   . Oui, mon cher maître, voilà tous mes vœux comblés ; elle est là près de moi, ouverte et étalant un sceau bien connu, cette lettre qui vient me promettre tant de jouissances. Elle ne contient pourtant que peu de mots. Les voici :

LE SÉNAT DE VENISE AU SEIGNEUR ANDRÉ VÉSALE.

« Depuis deux ans bientôt, la mort de l'illustre Fallope, votre élève bien-aimé, a laissée vacante la chaire d'anatomie à notre université de Padoue. Sachant que vous avez repris votre liberté, le Sénat se verrait heureux et honoré si vous vouliez consentir à venir l'occuper. Vous savez que de grands avantages y sont attachés, et que l'Italie sera toujours fière de revoir au milieu de ses enfants celui qui peut, à juste titre, compter parmi les lumières de la science. »

Voilà cet écrit qui rajeunit mon cœur, qui me promet des jours heureux après tant d'épreuves.

Je pars, mon cher maître ; demain je reprends le chemin de ma chère Italie ; puissé-je ne plus la quitter ! J'y appellerai auprès de moi ma fille bien-aimée, et, partageant ma vie entre l'étude et l'affection de famille, je bénirai sans cesse le Dieu bon qui est venu à mon aide.

(Encore une lacune de plusieurs feuillets.)

14 octobre.

.   .   .   .   .   . Qu'il est terrible l'Océan
dans sa furie ! L'espoir que je vous commu-
niquais hier s'est évanoui aujourd'hui. Ce
matin la tempête a redoublé de fureur ;
l'approche du jour n'a point dissipé les ténèbres de la nuit ; les lames balayent le pont,
et déjà plusieurs matelots ont été enlevés par
elles ; par moment, nos mâts touchent le
ciel ; peu après, deux montagnes humides
s'élèvent de chaque côté du navire à une
hauteur prodigieuse, et nous replongent au
plus profond de l'abîme. Plus de manœuvres
possibles, hélas ! plus de salut, disent-ils
tous. Et voilà huit jours que nous errons
ainsi ballottés par la tempête, égarés loin de
notre route, n'ayant pu aborder au port où
nous devions refaire nos provisions, subis-
sant les horreurs de la faim, perdant ainsi
le restant des forces avec lesquelles nous
aurions pu combattre les éléments.

Me voici dans une étroite cabine où déjà
l'eau commence à pénétrer, vous écrivant
ces quelques mots, mon cher maître, à la
plus faible des lueurs, presque certain qu'ils
ne vous parviendront jamais.

Voici deux jours que je n'ai rien mangé, et

déjà ma vue s'obscurcit, mes forces m'abandonnent. Seigneur, devais-je finir ainsi? O mes beaux rêves, où êtes-vous? Néant, néant des choses humaines! Ma fille, ma douce et belle Anne, adieu! Mon excellent maître qui vous reposez dans une heureuse vieillesse, adieu! Ma patrie, ma fidèle Belgique, adieu! Italie, songe trop doucement caressé, adieu! Vous tous, mes élèves, mes amis, adieu! Ah! si vous m'avez conservé un peu de place dans votre cœur, donnez un regret au pauvre Vésale qui meurt loin de tout ce qu'il aime; mais si les mirages enchanteurs qui le berçaient encore lui manquent à la fois, au moins son âme reste forte et résignée. Oui, à cette heure suprême je sens une foi qui efface les vains souvenirs de la terre, et ne me montre plus que l'éternel séjour : une douce et céleste espérance m'inonde. Quelquefois, sans doute, un peu d'orgueil s'est glissé dans mon âme; mais le plus souvent j'ai travaillé pour le bien des hommes et pour la glorification du Créateur. Le Dieu miséricordieux et juste pardonnera les éclairs d'orgueil à la faiblesse humaine, il ne verra que les veilles consacrées au soulagement des misères de l'homme.

Je n'ai point trouvé le repos sur la terre,

je sens que je vais en jouir là-haut. Non, non, ne pleurez pas sur moi, car je regrette sincèrement le mal que j'ai fait ; j'accomplis avec joie le sacrifice de ma vie et je pardonne avec bonheur à tous ceux qui m'ont fait du mal. . . . .

Un craquement épouvantable se fait entendre..... C'est sans doute le navire qui va se briser. . . . .

Un mousse vient de me dire que nous sommes à quelques minutes de la terre et que nous venons de toucher des roches à fleur d'eau. Le pauvre enfant, amaigri par la faim, semblait revivre à l'espérance. Moi, je n'espère plus ; quand même les vagues me jetteraient sur ce rivage inconnu, je n'aurais plus la force d'aller chercher quelque nourriture pour me rendre à la vie. Bientôt le vaisseau va s'entr'ouvrir ; je veux serrer sur mon cœur ces dernières pensées que je vous adresse, mon cher maître. Qui sait si la Providence ne se chargera pas de vous les faire parvenir ? . . . .

Ici s'arrêtent les feuillets de notre pauvre ami ; la vague furieuse, envahissant le navire, l'empêcha sans doute de continuer et la mer le porta sur ce rivage, inconnu comme lui. Là il dut souffrir encore des tourments horribles, car il ne parvint à se traîner que jusque dans l'espèce de grotte où je le trouvai ; mais, épuisé par un long jeûne, transpercé d'eau glacée, le malheureux Vésale dut se résigner à mourir de faim à quelques pas des chaumières où il aurait pu être sauvé. Maintenant il repose dans une humble chapelle dédiée à la Vierge ; sur sa tombe modeste sont venus prier tous ceux à qui j'ai raconté sa vie dévouée, ses nobles travaux, son immortel génie. Sur la pierre qui recouvre sa dépouille mortelle sont gravés ces mots :

ANDREÆ VESALII BRUXELLENSIS TUMULUS
QUI OBIIT IDIBUS OCTOBRIS
ANNO 1564.
ÆTATIS VERO SUÆ QUINQUAGESIMO OCTAVO
QUUM HIEROSOLIMIS REDIISSET.

Je vous ai donné, monsieur, tous les détails qui sont à ma connaissance, vous priant de les transmettre à sa famille dont j'ignore la résidence.

Je vous salue, monsieur, avec respect et considération.

PIETRO MAFFEI, *orfèvre à Pise.*

FIN.

TABLE.

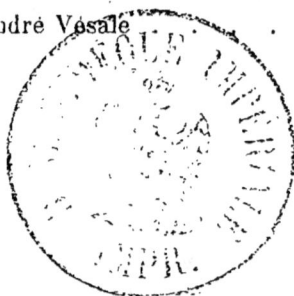

Tournai, typ. H. Casterman.

L'UNION FAIT LA FORCE